KB106219

나는 회사 그만두고 내 가게로 출근한다

나는
회사 그만두고
내 가게로
출근한다

김형민·천영식 지음

책들의정원

경영자와 근로자 사이의 경계인^{境界人}, '자영업자'의 삶을 꿈꾸는 당신에게…

창업시장은 사람과 트렌드, 나라의 경제 상황, 최저임금 인상과 같은 국가의 정책 등에 큰 영향을 받아 빠르게 변화한다. 뭐라고 정의할 수 없는, 그야말로 만인만색^{萬人萬色}이라고 할 만큼 경우의 수가 펼쳐지는 곳이기에 성공 전략을 정형화하기 어렵다.

고객 한 사람의 마음을 잡아 단골로 만드는 것조차 결코 쉬운 일이 아니다. 어려운 일인 만큼 창업에는 충분한 준비가 필요하다. 그러나 창업을 하는 많은 이들이 그 과정을 소홀히 하고 있다. 취업 준비생들이 구직 준비에 들이는 기간이 평균 10개월이라고 하는데, 창업에 들이는 준비 기간은 겨우 6개월 미만이라고 한다. 과연 이렇게 준비해서 성공할 수 있을까? 물론 정말 운이 좋거나, 6개월이라는 시간을 허투루 쓰지 않고 철저한 계획하에서 상권, 입지 등을 분석하고 아이템을 준비한다면 성공할 수도 있을 것이다. 그러나 반년도 안되는 짧은 시간 동안에는 성공의 기반을 다질 수 있을 만큼의 준비를 하기에는 물리적으로 어려움이 많기 때문에 대부분의 경우는 개업한 지 1년이 채 지나가기도 전에 폐업 절차를 밟게 된다.

특히 처음 창업을 하는 사람들의 경우 프랜차이즈의 가맹점으로 창업을 하기 위해 프랜차이즈 가맹본부의 컨설턴트들에게 상담을 받는다. 하지만 그들 중에 전문가라고 할 수 있는 이들이 과연 몇이나 될까? 현업에 있는 컨설턴트들은 대부분 영업력에 기반한 설득의 스킬만 있을 뿐 심도 있는 지식도 갖추지 못했으며, 확고한 비전도 없고, 성공하기 위한 솔루션도 제공해주지 않는다. 하지만 의욕은 있어도 창업에 있어서 초보인 예비 창업자들은 컨설턴트들이 제시하는 로열티, 가맹비 면제와 같은 당장 돈이 덜 들고 이익이 커보이는 점에 속아 내실이 부실한 프랜차이즈의 가맹점을 출점하게 되고, 결과는 불을 보듯 뻔하다.

《나는 회사 그만두고 내 가게로 출근한다》의 1장과 2장에서는 수많은 예비 창업가들이 이런 '사기꾼'에 가까운 컨설턴트에게 속지 않고 똑똑하게 창업하기 위한, 무늬만 컨설턴트와 진짜 전문가를 구분하는 방법과 프랜차이즈 가맹본부 선택 기준을 정하는 법, 성공과 실패 사례를 중심으로 상권과 입지 분석 방법과 성공적인 창업을 위한 노하우, 사업을 운영하는 데 필요한 마인드에 대해 이야기한다.

3장과 4장에서는 트렌드의 변화, 빠르게 변해 가는 외식업계의 상황 등을 객관적인 시각으로 바라보면서 창업 시장에서 살아남기 위해서 필요한 대책을 제안한다. 또한 실질적인 운영에 있어서 많은 창업자들이 겪는 실수를 사례를 통해 알아보면서 그 대안을 말하고, 매출을 올리는 운영 노하우와 솔루션을 제시하고 있다.

마지막으로 부록의 '예비 창업자 자가진단 체크리스트'와 '인허가 신고 체크리스트'를 통해 창업 과정에서 초보 창업자들이 간과하기 쉬운 요소들을 스스로 재점검할 수 있게 하며, 오랫동안 축적해온 경험, 정량화된 지표와 근거 자료를 기반으로 한 '상권 및 입지 분석', '출점 승인 및 매출 분석', '신규 매장 시나리오'는 모든 것이 막막한 초보 창업자들에게 매우 현실적인 조언이 될 것이다.

10여 년이 넘는 기간 동안 외식업 창업을 컨설팅해오면서 수많은 예비 창업자와 현직 외식업 종사자분들을 만나왔다. 막연한 장밋빛 미래를 그리는 분들과 남부럽지 않은 성공적인 창업을 일궈내신 분들, 그리고 처절한 실패의 한 가운데를 지나고 있는 분들까지…. 그중에서도 가장 어려웠던 점은 외식업 자영업자분들이 거의 공통적으로 막연한 불안감과 지속적인 업황 유지에 대한 막연한 두려움, 쉬지 않고 달려도 행여 경쟁점에 뒤처지지 않을까 하는 극심한 피로감을 호소하는 것이었다.

이에 조금이라도 자영업자분들의 심려를 덜어줄 수 있는 방법이 없을까 고민하다가 창업자들의 성공 사례와 실패 사례를 모으고 그것을 통해 작더라도 확실한 성공의 방법을 예비 창업자들에게 전한다면 섣부른 창업으로 인해 쓰라린 경험을 하는 경우를 줄일 수 있으리라고 생각했다. 이 생각에 공감해주신 많은 분들이 크고 작은 사례를 나누고, 저마다의 솔루션을 공유해 주셨기에, 본문에 정리된 작은 주제마다 실제 사례를 접목해서 참고할 만한 정리를 도출해낼 수 있었다. 도움을 주신 모든 분들께 감사드린다.

무한한 경쟁의 한가운데에서 내 가게와 가족과 종업원을 지키고, 지속 가능한 성장을 이끌어 내기 위해서는 열린 마음으로 하는 '진짜 공부'가 필요하다. 자영업자의 길에 발을 들인 그 순간부터 이전의 이력과 경력은 모두 무시된다. 나이의 많고 적음, 경력 개발의 수준, 사회적 지위의 고하를 막론하고, 지금 이 책을 집어 든 독자라면 모두 같은 출발선에 서 있는 것이다.

지금 자영업자의 길을 걷기로 마음을 먹었다면, 타성에 젖지 않은 열린 마음으로 겸손하게 그 출발선에 서야 한다. 그리고 이 책을 통해 창업시장을 바라보는 안목과 경쟁력, 그리고 작지만 분명한 성공을 일궈낼 수 있는 전략을 함께 공부할 수 있기를 바란다.

'경계인의 삶'을 선택한 여러분을 진심으로 환영한다.

2019년 8월

김형민, 천영식

Contents

Open 1.

준비 과정이 승부를 가른다

Open 2.

작은 사업에 최적화된 '초전략'이 필요하다

Open 3.

매출을 상승시키는 현명한 선택들

Open 4.

궁지에 몰리기 전에 해법을 찾아라

부록 | 예비 창업자의 실패를 막는 전문가의 조언

나는 회사 그만두고 내 가게로 출근한다

Open 1.

준비 과정이 승부를 가른다

1.

개업은 곧
개전開戰이다

70대인 A씨 부부는 먹고살 만한 집안이었다. 70년대 후반부터 90년대 중반까지 가파른 경제 성장기를 살아온 그들은 서울 마포의 아파트와 일산의 상가주택을 포함해 약 20억 원대의 자산을 일구었다. 당시를 치열하게 살아온 우리 부모 세대의 전형이라 할 수 있다. 하지만 대학원 공부까지 뒷바라지한, 서른 중반의 아들에게 식당을 차려주면서부터 이들의 노후 준비에 균열이 일어나기 시작했다. 석사학위를 취득한 큰아들은 첫 직장생활에 쉽게 적응하지 못했고, 몇 군데 이력서를 더 넣어보고는 이내 취업을 포기했다. '자산을 가진 부모'라는 믿는 구석이 있었기에 포기하기가 더 쉬웠을 것이라고 미루어 짐작할 수 있다.

그의 아들은 최신 유행 아이템이라며 '숙성 쇠고기'를 팔아보겠다고 했다. A씨는 유명 레스토랑에서 허드렛일을 거들면서라도, 식당 일을 배워보겠다는 아들의 열정에 감복했다. 그간 공부에 들인 수고가 아깝긴 했지만, 번듯한 직장생활만이 삶의 방법은 아니라는 아들의 의지를 단칼에 잘라내기는 어려웠다.

결국 A씨는 보유하고 있던 일산의 상가주택 임대 기간이 종료되자, 임차인을 내보내고 아들에게 가게를 내주었다. 남의 점포에 월세를 주며 하느니, 가지고 있는 점포에 가게를 내면 월세라도 아낄 수 있지 않을까 하는 막연한 생각 때문이었다. 이제 막 사회생활을 시작하는 아들에게 부채를 안겨주기 싫은 마음에 식당 시설도 가게를 담보로 잡아 2억 원가량을 투자했다.

시작은 나쁘지 않았다. 대로변에 위치한 가게는 아니었지만, 친인척들과 지인들이 알음알음 찾아와주었다. 영업을 개시하고 일주일쯤 지나자, 포털사이트 블로그 홍보를 대행해주는 업체 담당자가 찾아와 제안서를 내밀었다. 비용도 비싸지 않았고, 요즘 홍보는 블로그가 대세라는 말에도 수긍이 되었기에 한 달에 50만 원씩 6개월간 계약을 했다. 하지만 개업 후 만으로 한 달이 되기도 전에 이상 신호들이 곳곳에서 감지되었다. 숙성쇠고기는 기본적으로 숙성고에서 짧게는 수일, 길게는 수 주간의 숙성 기간을 거쳐야 상품화가 되는데, 오픈 초기에 물량을 충분히 보유하지 못한 상태에서 시작하여 결국 판매할 상품이 부족한 상황을 마주하게 되었다.

아울러 단순히 숙성 가공 이전의 생육 원물의 물량으로 수지 계산을 한 것이 문제로 불거졌다. 숙성이 완료된 고기는 가공 과정에서 20%가량을 버리게 된다. 쉽게 말해 원가가 20% 비싸진 것이나 다름없는 것이다. 직원 관리도 큰 문제였다. 노무사를 통해 주휴일 등 근로계약서에 포함되어야 할 조건들은 꼼꼼히 짚어서 작성했지만, 운영 과정에서 허점이 드러났다. 근무 시간 중 2시간의 휴게시간을 제공하기로 했지만, 때에 따라 휴게시간을 들쭉날쭉하게 적용한 것이 문제가 되었다. 결국 직원 하나가 그만두면서 고용노동부에 진정을 넣었고 얼마간의 금전을 보상하게 되었다.

이 모든 것이 개점 후 두 달 사이에 벌어진 일이었다. 이 과정에서 매장을 찾은 고객 중 몇 팀은 서비스가 불만족스러움을 강하게 표현했고, 지역 커뮤니티 카페에 악성 후기를 올리기도 했다. A씨의 아들이 카페 운영자에게 개인적으로 연락을 해서 해당 게시물을 내려 보려고 시도했지만, 운영자는 노골적으로 금전을 요구했다. 결국 A씨의 아들은 개점 3개월 만에 A씨 부부에게 "가게를 더 이상 운영하기 싫어졌다"고 통보하고는 구직 활동을 하겠다고 선언했다. 결국 A씨 부부는 아들이 벌인 식당을 고스란히 떠안을 수밖에 없는 상황이 되었다.

은퇴 후 평온한 일상을 보내던 노부부가 식당 운영에 발이 메인 것도 모자라, 매월 380만 원의 임대료 수입을 담보하던 알짜점포가 이제는 매월 100여만 원가량의 이자 비용을 지출해야 하는 골칫덩이가 되어버렸다. 당장 1년간의 대출 거치기간이 종료되면, 원금과 함께 상환해야 하기에 막막함은 이루 말할 수 없다. A씨의 사례는 몇 가지 이슈가 복합적으로 작용한 케이스다. 하지만 많은 초보 창업자들이 공통적으로, 반복해서 되풀이하는 이슈이기도 하다.

개업은 곧 개전이다. 일면식도 없는 손님을 상대로 매출을 일으키는 것, 그 치열함을 제대로 가늠하지 못한 상태에서 창업을 하는 것은 '질 것이 뻔한 싸움'을 시작하는 것이나 다름이 없다. A씨의 사례는 장사의 어려움을 보여주는 단적인 예라고 할 수 있다. 당신이 창업을 준비하고 있다면, 치열한 싸움을 이겨 낼 마음가짐은 되어 있는지, 내 사업에 대한 준비는 철저하게 되어 있는지 다시 한번 확인하길 바란다.

2.

당신은
전문가입니까?

"당신은 전문가입니까?"

2019년 한촌설렁탕 브랜드를 운영하는 이연에프엔씨 워크숍을 다녀온 후 첫 회의 때 정보연 대표가 내게 던진 질문이었다. 나는 갑작스런 질문의 의도를 살피고 답을 했다. 이런 질문에는 보통 두 가지 반응이 있다.

첫째, 속으로는 충분히 전문가라고 생각하지만 겸손한 마음에 "저는 아직 부족한 부분이 많습니다. 전문가라고 말하기에는 부끄럽습니다" 혹은 "아직 멀었습니다" 정도의 대답을 한다.

둘째, "저는 전문가가 맞습니다. 하지만 더 발전하고자 하는 마음은 현재진행형입니다"라고 자신 있게 말하거나 "전문가이지만 가야 할 길이 멉니다. 제 목표는 더 크기 때문입니다"라고 답한다.

하지만 두 대답 모두 너무 추상적이고 기준 없으며 극히 주관적인 대답이다. 물론 나 또한 당시에는 두 번째 대답으로 대응했다. 하지만 정보연 대표는 "내가 생각하는 전문가는 자기 분야의 업무를 정리하고 설명할 줄 알며 솔루션을 제공할 줄 아는 사람이라고 생각합니다"라며 그 질문에 대해 명확하게 정리를 해줬다.

이 말은 '정리', '설명', '솔루션'. 이 세 단어로 함축할 수 있다. 너무나 명쾌한 정보연 대표의 대답에 나는 할 말을 잃고 고개만 끄덕이다가 불현듯 결코 전문가라고 말할 수 없는 프랜차이즈 업계 가맹점 개설을 담당하는 컨설턴트들과 강남에서 창업 컨설팅을 하고 다니는 컨설턴트들이 떠올랐다. 그들과 같은 업계에 종사하는 한 사람으로서 전문가 의식이 부족한 이들을 향해 쓴소리를 하여 현 상황을 개선하고자 글을 쓰게 되었다. 우리나라 프랜차이즈 가맹점 개설 담당자들과 창업 컨설팅에 대한 나의 의견을 말해보고자 한다.

90년대 후반에 대한민국에서 프랜차이즈가 성장하기 시작하면서 부동산 시장 중 상가 시장이 함께 성장하기 시작했다. 창업과 점포는 떨어질 수 없는 상관관계에 있기에 항상 붙어 다닐 수밖에 없다. 창업 컨설턴트는 최초 부동산 업무를 하는 부동산컨설팅에서 유래하여 2000년도 창업자를 대신하여 부동산, 점포 양도 양수, 프랜차이즈 협력 관계 등 다양한 루트에서 컨설팅을 하고 있다. 문제는 이런 창업 컨설턴트 중 전문가라고 우리가 인정할 만한 자격을 갖춘 이가 거의 없다는 것이다. 전공, 나이, 자격증, 전문지식이 부족한 컨설턴트가 너무 많다.

현업에 있는 컨설턴트들은 대부분 영업력을 기반으로 창업자에게 다가가 설득하는 설득의 스킬만 있을 뿐, 그들에게 몇 가지 심도 있는 질문을 던지면 그들이 가진 지식이나 경험이 얼마나 보잘것없는지 금방 알 수 있다. 물론 내 기준이 높을 수도 있지만 내가 경험한 컨설턴트는 20대에 팀장이나 부장, 심지어는 이사 명함을 파고 다니는 이도 있었다. 개인사업자로 소속이 되어 창업자와 계약 후 수수료를 받으면 회사에 30%를 주고 70%의 수수료를 자신이 가져가는 구조를 취하고 있다. 이들은 대부분 프랜차이즈 본사와 연계된 컨설턴트이다.

정말 뛰어난 컨설턴트도 물론 존재하지만 일부 전문가가 아닌 컨설턴트, 즉 자격이 미달되는 컨설턴트들의 잘못된 정리, 설명, 솔루션 제공으로 인해 실패를 경험하는 창업자가 너무나 많기 때문에 우리는 겉으로 보이는 업태와 설명만으로 의사결정을 해서는 안 된다. 창업 컨설턴트가 점포에 대한 지식도 없고, 프랜차이즈에 대한 정보도 없으며, 팩트가 아닌 주관적인 이야기를 예비 창업자에게 설명하는 그런 말도 안 되는 일들이 지금도 계속 일어나고 있고 양도 양수가 안정적이라는 이유로 한 매장을 여러 번 계약을 성사시켜 수수료를 가져가는 파렴치한 사람들을 보았기에 나의 저서 《예비 창업자들 정신 차려라》에 사짜들의 전성시대라며 쓴소리를 한 적이 있다.

대한민국 창업 시장이 현재는 아주 어렵다고는 하지만 아직도 퇴직 후 창업을 해야 하는 현실에 제대로 된 전문가를 만나기엔 하늘의 별 따기라는 말을 하고 싶다. 어쩌면 찾기 전에 본인이 전문가가 되는 게 빠를 수도 있다고 본다. 창업 컨설턴트 검증을 하려면 위에서 말한 "당신은 전문가입니까?"라는 질문을 던져 보기 바란다.

1) 정리 – 창업시장을 객관적으로 정리하고, 관련 업종의 장단점을 정확히 알고 있는가? 부동산에 대한 깊이 있는 정보가 있는가?
2) 설명 – 명확한 근거를 가지고 설명을 하고, 설득을 하고 있는가?
3) 솔루션 – 정보를 토대로 한 정확한 솔루션 자료를 주는가?

창업에서 가장 기초가 되는 것은 상권 분석이다. 창업을 할 때 가맹점 계약을 하기 위한 설득의 말장난에 속으면 억대의 자산을 쓰레기통에 버리는 것과 같다. 물론 그들이 사기를 친다는 말은 아니다. 다만 객관적으로 분석하지 못하면 결국 사기를 당한 것과 같은 무시무시한 결과를 초래할 수 있다는 점을 명심해야 한다는 것이다. 경험이 많다고 전문가가 아니고, 공인중개사 자격증이 있다고 뛰어난 전문가가 아니다. 당신에게 필요한 전문가는 정확하게 정리하고 설명하고 객관적인 시선을 가진 사람이어야 한다. 또한 시간을 내서 발품을 팔아 상권을 케이스별로 조사해서 기존 경험했던 사례와 모수를 통해서 분석하고 예측해서 자료를 만들 줄

아는 사람이어야 한다. 이것을 하지 못하는 이에게 전문가라는 말은 사치일 뿐이다. 아니, 사기일 뿐이다.

최근 한 언론사는 '자영업 약탈자'란 제목의 연재물을 통해 사기성이 농후한 일부 창업 컨설팅 업체의 실상을 고발해 눈길을 끌었다. 여기에는 창업 컨설팅 업체 직원들이 점포 양도자와 양수자의 틈바구니에서 높은 수수료를 챙기는 과정을 적나라하게 소개하고 있다. 그 기사의 창업 컨설팅 업체는 양도자를 대상으로 수차례에 걸쳐 권리금을 후려치는 작업을 한다. 양수자에게는 권리금을 부풀려 그 일부를 수수료로 챙기는 요술을 부린다. 그들이 '봉'으로 지목하는 최고의 공략 대상은 '초보 창업자'이다. 초보자는 장사 경험이 전혀 없기에 적은 돈을 들여 많은 돈을 버는 '대박'이란 환상에 사로잡히기 마련이다. 권리금이 투명하게 기재되는 계약서는 필수적인 점포 양수도 거래 요건으로 법규에 명시하는 방안이고 창업자 개인의 노력이다. 권리금 장난이나 매출·순익 뻥튀기는 웬만한 장사 경험이 있는 사람에게는 금방 들통나게 될 저급한 사기 행위에 불과하다.

창업하기 전, 1년 정도의 시간을 두고 점포에 취업해 경험을 쌓거나 장사 경험이 많은 전문가의 도움을 받아 창업 과정을 배우면 수많은 약탈자들의 봉이 되는 불행을 사전에 막을 수 있다. 이 업계에서는 '전문가'라는 말이 함정이다. 이 창업 시장에서 '진짜배기 전문가'는 몇이나 될까? 성공적인 출점에 대한 명확한 기준도 없이, 온갖 감언이설을 늘어놓으며 전문가를 사칭하는 사람들이 난립하고 있다. 타인의 창업을 위해 명확한 사례와 안목을 바탕으로 조언해줄 수 있는 조력자가 필요한 시점이다.

파도를 일으키는 건 바람이지 물이 아니다. 이처럼 우리가 창업을 하고 성공하기 위해서는 본질을 정확하게 볼 줄 알아야 하고 그에 걸맞은 준비를 해야 한다. 그리고 자신을 도와줄 수 있는 진짜 전문가를 찾아라. 전문가라며 다가오는 이들에게 본질을 꿰뚫을 수 있는 질문을 던져라. 그러면 적어도 자신의 재산을 몽땅 잃어버리는 일은 막을 수 있을 것이며, 자신의 노력 여하에 따라 큰 성공을 거둘 수 있을 것이다.

3.

창업의
선택 기준을 정하라

창업을 하기 위해 찾아오는 분들의 이야기를 들어보면 자신이 어떤 일에 종사할 것인지, 업종조차 명확하게 정하지 않은 분들이 많다. 그저 장사를 시작해 대박을 터트리거나 노후를 위해 큰 힘 안 들이고 먹고살 만한 장사를 하려고 한다.

초보 창업자가 가장 흔히 하는 실수 중 하나는 '창업에 대한 막연한 접근'이다. 창업자 자신이 어떤 능력을 갖추고 있는지, 어떤 업종에 적합한 성격인지, 가용한 인적, 물적 자원은 어떤 것들이 있는지 제대로 파악하지 못한 상황에서 '창업' 그 자체에만 매몰되는 것이다. 이렇게 아무런 기준도 준비도 없이 창업을 하면 십중팔구는 망하게 되어 있다. 그렇다면 이들은 어떤 기준으로 업종을 정해야 할까? 우선 사업 타당성을 분석하고 상권에 맞는 업종을 선택해야 한다.

창업을 준비하는 모든 이들이 고민하는 것은 세 가지로 압축된다.

첫째, 어떤 업종을 선택할 것인가?

둘째, 사업성은 있을 것인가?

셋째, 어느 상권에 창업할 것인가?

나는 프랜차이즈 컨설팅을 하는 입장에서 몇 가지 기준을 제시하고자 한다. 창업을 하는 대부분의 이들이 대박을 터트리기를 바라지만, 실제로 대박은 창업자 자신의 노력과 실력, 그리고 운이 따라주는 소수에게만 찾아오는 일인 것 같다. 나는 놀부 창업연구소장으로 근무했을 때부터 대박이란 말을 좋아하지 않았다. 그래서 지난 수년간 '안전 창업'이라는 슬로건을 내걸고 창업시장에서 수많은 강의와 컨설팅을 해왔다.

내가 강의와 컨설팅을 하면서 외식업 경영에 대해 가장 크게 느낀 것은 '차곡차곡 쌓이는 마일리지'와 같다는 것이다. 매일 낯선 고객과 마주하는 것 자체가 곧 공부가 된다. 고객과 항상 소통하는 업종이다 보니 초심을 잃지 않는 동시에 경험을 쌓아 가는 숙성 기간이 필요하다.

단박에 성공하는 것은 곧 거품이 빠지기 마련이다. 예비 창업자들에게 오랫동안 안전하게 장사를 하기 위해서 유명한 외식사업가들의 성공 사례를 공유해주면서 '나도 할 수 있다'는 자신감과 열정을 심어주는 것도 중요하지만, 반대로 실패의 사례를 통해 창업 전에 필수로 체크해야 하는 것, 그리고 성공하는 매장(약 20%)과 실패하는 매장(약 80%)의 진짜 이유를 알려주는 것이 중요하다. 실패한 원인을 아는 사람만이 성공하는 법을 알 수 있기 때문이다. 여기서는 내가 실패를 경험하면서 찾아낸 '실패하지 않는 다섯 가지 방법'을 알려드리고자 한다.

첫째, 계절의 영향을 받지 않는 사계절 아이템을 선정하라.

'팥빙수'라는 아이템으로 2014년부터 약 3년간 대히트를 일으켰던 팥빙수 전문점 S브랜드는 당시 카페에서 주로 판매했던 팥빙수 메뉴를 재해석하고 팥빙수와 어울리는 디저트를 추가하여 큰 파괴력을 가진 브랜드로 성장했다. 하지만 봄/여름에 제한적인 메뉴로 인해 가을과 겨울에 급격하게 매출이 떨어지며 가맹점 매출 부진이 생기는 것이 문제였다. 사계절 중 두 계절은 고매출이라고 하더라도 급격한 매출 부진을 보이는 나머지 두 계절은 운영하는 가맹점주에게는 매우 견디기 힘든 시간이다.

근래에 유행했던 주스전문점도 계절의 영향을 이기고자 핫도그, 커피 등 다양한 메뉴를 선보였지만, 주스 매장이 고객에게 주는 이미지가 너무 커서 번번이 성과를 이루지 못했다. 또한 웬만한 카페에서 다 취급하는 아이템이었기에 나눠 먹기가 되는 상황이다.

물론 계절의 영향을 받는 아이템이라고 해서 다 실패하거나 심각한 매출 부진이 일어나는 것은 아니다. 아이스크림 전문점 베스킨라빈스는 여름 한정 아이템이라고도 볼 수 있는 아이스크림을 사계절에 어울리는 디저트로 만들었다. 그것이 가능했던 이유는 20여 년이라는 긴 세월 동안 매년 수십억 원의 마케팅 비용을 투자하여 디저트 문화의 인식을 바꾼 것, 30여 가지의 메뉴의 다양성, 거기에 독보적인 아이템인 아이스크림케이크에 있다. 아이스크림케이크는 비수기인 겨울에도 연말연시, 크리스마스에는 가맹점당 수백만 원의 매출을 보일 정도로 소비자에게 엄청난 인기를 끌었다. 그 영향이 비수기 동안의 급격한 매출 하락에서 탈출로 이어졌다. (물론 그럼에도 불구하고 실제적으로 성수기와 비수기의 차이는 뚜렷하다.) 하지만 이것은 대기업이었기에 가능한 일이다. 일반적인 프랜차이즈 중소기업업체에서 수십억 원의 마케팅 비용을 투자하고 수십 가지의 메뉴를 개발하는 것은 불가능하다. 또한 20년이라는 시간이 소요됐다는 점도 무시할 수 없다.

물론 이러한 방법이 아니더라도 계절 메뉴가 성공할 수도 있지만 실패할 확률이 높기에 계절 한정 메뉴를 선택하는 것은 지양해야 한다. 계절 메뉴는 프랜차이즈 가맹본부의 인지도와 선호도, 그리고 마케팅과 메뉴 개발 능력이 일반 외식사업의 기준보다 현저하게 중요하므로 계절 메뉴로 창업을 할 것이라면 프랜차이즈를 선택함에 있어 가맹본부의 역량을 필히 점검해야 한다.

둘째, 성별/연령별 호불호가 나뉘는 아이템과 트렌디한 아이템은 피해야 한다.

좀 더 과격하게 말하면 창업의 무덤이 될 수도 있다. 창업에 있어서 가장 경계해야 하는 것 중 하나이다. 시장은 끊임없이 변한다. 특히나 젊은 연령층이 선호하는 아이템일수록 오래가지 못한다. 보다 자세히 이야기하자면 2년을 채 넘기지 못한다. 대왕 카스테라, 딸기오믈렛 전문점, 마카롱 카페 등은 한때 젊은 여성층에게 큰 인기를 끌었다. 그러나 현재 주위를 둘러보면 급격하게 폐점하거나 업종을 바꾸고 있는 곳이 대부분이다. 디저트뿐 아니라 현지식 베트남쌀국수전문점, 주류업종에서는 스몰비어, 한식 업종에서는 육류/프랜차이즈, 유행처럼 '○○식당食堂'이라는 브랜드를 달고 나오는 전문점들, 커피 업종은 빅사이즈 저가 커피전문점 등 시작은 창대하게 했으나 끝이 좋지 않았던 무수히 많은 브랜드의 예시를 볼 때 이것은 부정할 수 없는 사실이다.

이처럼 특정한 성별과 연령층만 선호하는 업종은 좋은 결과를 내기 어렵다. 오래 유지하기 어려울 뿐만 아니라 유행에 민감하여 안정적으로 고매출을 내기가 어렵다. 또한 메뉴가 한정적이기에 금세 한계에 부딪힌다. 호기심, 유명세, 트렌드, 군중심리로 인한 창업은 전 재산을 날리는 지름길이라고 감히 말할 수 있다. 대한민국 프랜차이즈의 수준이 낮음을 보여주는 가장 큰 사례 중 하나이다.

셋째, 주방 의존도가 높으며 높은 인건비가 소요되는 업종인지 꼭 확인하고 매장 운영에 대해 시뮬레이션을 해보자.

최근 내가 몸담고 있는 기업의 설렁탕&국밥 브랜드가 최근 3년 연속 출점이 2배로 늘어나고 있다. 국밥은 가장 대중적인 아이템인 만큼 기존의 자영업자가 많고 진입장벽이 낮아 경쟁자가 생기기 쉬우며, 운영 노하우가 필요한 아이템이기에 프랜차이즈 사업을 하기에 가장 어려운 업종중 하나였다.

그런데 왜 최근 창업자들이 이 국밥 브랜드를 선호하게 됐을까? 의문점을 풀기 위해 조사해 보니 국밥이 맛있고 브랜드의 인지도가 있기 때문이라는 점도 있었지만, 이 브랜드를 선택한 진짜 이유 중 70%는 무엇보다도 다른 한식 메뉴에 비해 점주의 운영이 손쉽다는 점과 주방장이 필요없다는 점 때문에 선택했다고 한다. 간단히 말해서 본사에서 100% 공급하는 품질 좋은 육수와 각종 재료, 김치/깍두기를 본사에서 받아 끓여서 담기만 하면 끝이라는 것, 주방의 일이 매우 간소화되었다는 것에서 매력을 느꼈던 것이다. 같은 월급을 받는 주방 인력, 홀의 업무도 고깃집보다더 편하고 노동이 덜한 업종으로 인기가 있어 구인이 쉽다는 것도 장점이다.

그렇다. 시대가 바뀌었다. 과거 20년 전만 해도 일반 프랜차이즈 외에한식/중식에서는 전수 창업 또한 시장에서 성황이었다. 하지만 현재는 최저임금 인상으로 인한 인건비 상승과 주방장의 높은 임금이나 콧대 높은자세에 장사를 시작했던 사장들이 힘들어하고 결국에는 폐점을 하게 되었다. 심지어는 주방장의 비위를 맞추기 어려워서 그만두는 매장도 보았다. 주방장에게 지적을 하거나 싫은 소리를 한마디 하면 갑자기 다음 날

휴가를 내거나 다른 곳으로 가겠다는 주방장의 엄포에 울며 겨자 먹기로 달래가며 일하는 사장들이 부지기수였다. 이래서 사장이 주방을 알아야 한다는 공식의 생긴 것이다. 이러한 악습을 없애기 위해서 가맹본부는 가맹점주 교육을 통해 철저하게 훈련을 시켜야 한다고 본다.

조금 다른 이야기이지만 최근 내가 운영하는 브랜드 가맹점 중에서 폐점하는 곳의 90%는 오토 매장(주인이 없고 직원 및 아르바이트 인원을 모집해 운영하는 매장)이다. 결국 주방에 대해 모르면 폐업의 길로 가게 되는 것이다. 또한 최근 최저임금 인상으로 인한 수익률 저하로 인건비 절감은 필수 과제이다. 이런 이유로 최근 시장에서 가장 핫한 업종 중 하나가 된 국밥을 향한 예비 창업자의 선호도는 당분간 지속 성장할 것이라고 보인다. 결국 앞으로 외식시장은 주방 의존도가 낮고 운영이 간편하며 인건비를 절감할 수 있는 창업 아이템이 시장을 장악할 것이다.

넷째, 판매 단가의 기준이 필요하다.

물론 업종이나 상권에 따라 판매 단가의 기준이 다르다. 하지만 외식시장을 세분화하면 외식, 주식, 간편식, 배달식으로 나뉜다. 그 말은 소비자가 소비할 수 있는 금액이 나름 정해져 있다는 것이다. 예를 들어 한정식, 일식, 양식, 뷔페, 레스토랑, 고깃집과 같은 곳에서 외식을 하는 것은 일반적인 고객들을 기준으로 볼 때 한 달에 1~2회이며, 소득 수준에 따라 많게는 한 달에 4회라고 기준을 둔다. 객단가는 3~4인 기준 5만 원에서 10만 원 남짓 이용한다.

주식은 자주 먹는 것을 뜻하며, 식사 메뉴로 이루어지는 메뉴를 말한다. 주식의 가격 기준은 1인당 1만 원 미만이어야 한다. 상권에 따라 7천 원 이상이 되면 운영이 어려운 상권도 있다. 간편식의 기준은 분식, 편의점 음식, 베이커리 및 디저트이다. 간편식 가격의 명확한 기준은 없지만 통상 1인 기준으로 5천 원을 넘지 않는다. 배달식은 시장에서 인정되는 치킨, 피자 등이 대표적이니 두말할 필요가 없을 것이다. 정답은 없다. 하지만 나는 판매 단가를 선정할 때 1인 1만 원이라는 기준을 넘으면 안 된다고 본다. 가장 대중적으로 소비할 수 있는 가격을 형성하는 것이 경쟁력이 있다고 봐도 무관하다. 쉽게 말해 일반적인 소비자는 주거지 입지에서는 기념일과 의미 있는 일이 있지 않은 이상 유명호텔 셰프가 만드는 고가의 음식이 나오는 곳을 이용하지 않는다. 외식 선진국인 미국, 일본에서도 가장 호황을 누리는 식당은 객단가 8천 원 수준에서 고객을 만족시킬 수 있도록 운영을 하는 곳이다.

마지막으로 위에서 결정된 아이템을 가지고 해당 상권/입지에 사업 타당성 검토와 적합성 검토를 하는 것이 최종 관문이다. 옷이 아무리 예뻐도 내 몸에 맞지 않으면 그건 그냥 천 조각일 뿐이다. 아무리 좋은 업종도 상권에 맞지 않는다면 창업한 지 얼마 되지 않아 실패를 경험하게 될 것이다. 자신에게 맞는 아이템인지, 내가 노력하면 성장할 수 있는 상권인지, 현 아이템으로 운영 시 수익성은 있는지, 팔고자 하는 메뉴가 객관적으로 경쟁력이 있는지, 외식을 주로 이용하는 고객은 어떤 유형의 고객들인지,

위험 요소는 어떤 것이 있는지 등에 대한 최종 안정성 검토가 필요하다.

이것을 제대로 선행 조사하려면 관련 초보 창업자의 경우 프랜차이즈 업계의 관계자를 최소 10명은 만나서 상담을 해야 하고, 특히나 메뉴 개발을 제대로 하고 있는지 가맹본부에 대한 점검이 필요하다. 그다음 생산공장의 유무와 규모 파악으로 지속 성장하는 아이템인지도 확인해야 하고 마케팅 계획, 가맹점주와 소통하는 방식과 환경도 꼭 확인해볼 필요가 있다. 또한 가장 중요한 건 창업하고자 하는 업종의 대박집과 쪽박집에 찾아가 어떻게 운영하고 고객에게 응대하는지 비교해보는 것이다. 직접 체험을 통해 많은 것을 느끼고 공부하기를 진심으로 바란다.

결론을 이야기하자면, 계절 영향이 없어야 하고 연령/성별에 관계없으며 트렌드에 민감하지 않은 가장 대중적인 메뉴이어야 하고, 가격은 객단가 1만 원을 넘지 않으며 주방장에게 의존하지 않고 운영할 수 있는 것이 현 기준에서 가장 좋은 아이템이라는 것이다. 이러한 아이템을 선정한 다음에는 그 아이템이 창업하고자 하는 상권에 적합한지 최종적으로 타당성 검토를 해야 한다. 이 추세는 당분간 지속될 것이라고 본다.

나는 예비 창업자들이 항상 객관적인 표본이 되는 정보와 사례를 수집하고 최소한의 리스크를 점검하여 대박보다는 적더라도 꾸준하게 매출을 올릴 수 있는 안전 창업을 추구하는 창업자가 되길 희망한다. 당신이 창업을 준비 중이라면 지금부터 모든 선택의 기준을 내 중심이 아닌 소비자 중심에 두고 고민하고 선택해야 할 것이다. 사람은 보는 만큼 알며, 아는 만큼 말하고 행동하므로, 시야를 더 넓히고 많은 것을 보고 경험하기를 추천한다. 그 경험이 자산이 되어 더 나은 선택 기준을 세울 수 있을 것이다.

4.

메뉴 개발도
전략이다

많은 초보 창업자들이 가장 먼저 고민하는 것이 바로 메뉴 개발이다. 단순하게 생각하면 '무엇을 파는 식당을 만들까?' 하는 질문의 해답일 수도 있지만, 사실 메뉴는 단순한 차림표가 아니다. 큰 틀에서 바라보면 메뉴는 고객을 상대로 식당의 콘셉트를 표현하고, 마케팅을 하고, 종국에는 매장을 통제할 수 있는 수단이라고도 할 수 있다.

통상 자영업자가 메뉴를 개발할 때, 가장 쉽게 범하는 오류는 '운영자의 취향만 담아낸 메뉴 개발'이다. 이를테면 시장의 변화와 소비자가 원하는 것을 담아내기보다는 개발자가 자신 있는 혹은 운영 용이성에만 초점을 맞추는 데 열중하는 것이다. 이와 같은 오류를 범하지 않기 위해서는 해당 메뉴 개발의 목적을 분명히 하는 것이 가장 중요하다. 이렇게 개발한 메뉴를 상품화하는 데는 다양한 요인들이 있지만, 크게 내부 요인과 외부 요인으로 나눌 수 있다.

내부 요인	외부 요인
매출	고객 요구
예산	유행과 트렌드
식자재 활용	시장점유율
설비 활용	사회의 변화
조리 기술 수준	유통의 변화
기술 개발	환경과 법규의 변화

신메뉴를 개발하거나 본인이 가지고 있던 레시피를 개선함에 있어서 고려해야 하는 것은 크게 세 가지로 축약할 수 있다. 최우선으로 고려되어야 할 것은 '고객에 대한 이해'다. 고정된 입지에서 영업을 해야 하는 외식사업의 특성상 해당 매장을 주로 방문하는 고객에 대한 특성을 객관적으로 파악하는 것이 필요하다. 두 번째는 '매장의 운영 형태'다. 특히 주방의 설비, 조리 인력의 숙련도, 개발에 투여할 수 있는 예산 등이 이 영역에 포함될 수 있다. 마지막 세 번째는 '시장에 대한 이해'다. 바야흐로 우리는 미디어와 콘텐츠가 범람하는 시대를 살고 있다. 다양한 루트로 시장의 검증을 받은 아이템을 발굴하고 이에 대해 연구해야 할 필요가 있다.

종합하자면 메뉴를 기획하고 개발함에 있어, 환경적 요소와 내부적 조건을 고려한 후에 고객의 시각에서 아이템을 선정해야 한다는 말이다. 점주 자신의 기호에 맞춘 메뉴 계획은 의미가 없다.

〈메뉴 개발 6단계〉

1	준비 단계
2	메뉴 아이디어 착상 및 수정 단계
3	신메뉴 아이디어 선별 및 보완 단계
4	신메뉴 테스트 및 보완 단계
5	최종 결정 단계
6	도입 및 관리 단계

메뉴 개발은 분명한 목적이 있어야 한다. 위에 서술한 것과 같이 신메뉴는 사회적인 트렌드를 반영할 수 있어야 고객으로부터 각광받을 수 있다. 하지만 메뉴 개발의 목적은 이에 국한되지 않는다. 우선 마케팅을 고려한 개발이 있을 수 있다. 운영하고 있는 매장의 콘셉트와 연계해서 마케팅을 할 수 있는 메뉴 개발이다. 예를 들어 복고풍 주점에서 판매할 메뉴는 최신 트렌드의 메뉴보다 과거에 유행했던 메뉴군을 중심으로 리뷰를 하는 과정이 우선시 될 수 있는 것이다.

다음은 매장 재고 품목을 고려한 개발이다. 특정 식자재를 대량으로 사용하는 전문점의 경우, 해당 식자재를 공용으로 활용할 수 있는 메뉴를 개발하기에 유리하다. 통상 '육수'를 대량으로 사용하는 설렁탕집에서 속재료만 추가해서 소머리곰탕, 만둣국, 도가니탕, 갈비탕 등을 추가하는 것을 예시로 들 수 있다. 또 다른 방식은 프로모션을 통해 단기 수익을 극대화 하는 것을 목적으로 한 개발이다. 이는 개발한 메뉴가 주메뉴가 될 수도 있고, 기 판매 중인 메뉴를 보조할 수 있는 서브 메뉴가 될 수도 있다. 일반 음식점에서 여름철이면 습관처럼 보양 음식을 소비하는 국내 소비자를 대상으로 '삼계탕' 메뉴를 계절 메뉴로 취급할 수도 있고, 삼계탕 전문점에서는 이를 보조해서 객단가를 높일 수 있는 '전기구이통닭'과 같은 메뉴를 추가하는 것도 예가 될 수 있다.

마지막으로 타깃 고객층의 니즈를 공략하는 개발이다. 하지만 이는 경우에 따라 양날의 검이 될 수 있다. 시장에서 특정 타깃만을 집중적으로 공략할 경우, 이를 제외한 고객을 오롯이 소화해 내지 못하는 케이스가 많기 때문이다. 그 때문에 역설적으로 전체 고객층의 니즈를 모두 소화할 수 있는 '메뉴군'을 통으로 개발하는 경우가 있다. 이는 다양한 상권에 통일된 패키징으로 출점하는 프랜차이즈 브랜드가 주로 사용하는 개발 방식으로, 한솥도시락이 극단적으로 이 전략을 사용하고 있다.

메뉴 개발은 식당 운영에서 가장 총체적인 부분이자, 창업자의 가장 큰 무기다. 이 무기를 어떻게 갈고 닦느냐에 따라 앞으로의 성과가 결정된다고 해도 과언이 아니다. 특히 초보 창업자라면 창업을 하는 과정에서 이를 놓치지 않기 위해 지속해서 리마인드해야만 한다. 메뉴 개발을 왜 해야 하는지, 어떤 기준을 두고 해야 하는지 끊임없이 생각하고 최선의 선택을 할 수 있도록 노력하자.

5.

창업 전
반드시 준비해야 할 3가지

　　얼마 전 고등학교 동창생인 P군에게 전화 한 통이 왔다. 직장생활을 그
만두고 고위직 공무원인 형님에게 투자받아 장사하겠다는 것이었다. 동기
들 가운데 내가 유일하게 창업 전문가로 일하고 있는 것이 소문나다 보니
알음알음 선후배 및 지인들에게 이런 전화를 받는 경우가 많다. 그에게
몇 가지 질문을 한 후 자기진단 체크리스트와 창업 희망 업종과 지역을
받은 후 차주에 만나기로 하고 전화를 끊었다. 하지만 막상 전화를 끊고
나니, 초보 창업자인 P군에게 무엇부터 설명해야 할지 고민이 되었다. 결
국 잘해도 본전이라는 생각이 들자 선뜻 컨설팅해주기가 망설여졌다. 사
실 난 가까운 사람들을 대상으로 하는 컨설팅을 꺼린다. 좋은 이야기만
하고 싶은데 가끔 현실적인 이야기를 하다 보면 부정적인 이야기나 업계

의 안 좋은 이야기도 자연스럽게 해야 하기에 창업 시작 전부터 초를 치는 느낌이 들기 때문이다. 하지만 창업을 꼭 해야 하는 분들 입장에서는 나의 경험과 노하우 그리고 업계에 대한 조언을 듣고 싶어 할 것이라고 생각하기에 내가 P군에게 전했던 창업 전에 체크해야 할 중요한 내용을 공유하고자 한다.

첫째, 외식업 경험 여부에 따라 컨설팅을 준비한다.

아무래도 외식업을 운영해본 경험이 없으면 90%는 프랜차이즈를 통해 가맹점 창업을 하게 된다. 이때 가장 중요한 부분은 본인이 하고 싶은 업종보다는 '잘 할 수 있는 업종'을 선택하는 것이다. 여기서 잘 할 수 있는 업종이라 함은 가족들이 지원해주는 것도 포함된다. 한 예로 럭셔리한 카페나 고급 멀티방을 창업하면 가족 중 나이가 고령인 분은 실질적으로 도와주기 어렵다. 하지만 한식당을 창업하면 얼마든지 잘 도움을 줄 수 있다. 또한 식당에 온종일 매여 있게 되기 때문에 가정에 충실하기 힘들어지는 상황도 고려해야 한다. 점심이나 저녁 식사 위주로 장사하는 업종은 그 시간대만 집중해서 운영하면 되기에 자기 시간을 조정하기 쉽다. 더욱이 인력 고용도 예측 가능한 범위 내에서 운영된다.

창업자들이 실패하는 가장 큰 이유는 잘할 수 있는 창업보다는 하고 싶은 창업을 해서 생각지 못한 실패의 쓴맛을 보곤 한다. 창업 시장에서 포화 상태인 카페 창업을 너무 쉽게 보고 진행하고, 디저트를 좋아해서 디저트카페를 차렸다가 유행에 민감한 소비자의 생각을 따라가지 못해 아이템 부재로 매출이 하락하고, 판매점을 했다가 불경기의 직격탄을 맞고, 잘 알지도 못하는 트렌디한 사업에 손을 대었다가 오히려 종업원 눈치만 보기도 하는 등 많은 사례가 있을 것이다.

나는 자신이 객관적으로 진단했을 때 본인이 잘할 수 있는 창업을 하라고 권하고 싶다. 또한 유망 업종보다는 유행을 타지 않고 외식업을 영위해온 업력이 좋은 업종을 권하고 싶다. 업종을 정하고 나면 프랜차이즈 가맹본부를 선택해야 할 것이다. 이때 가장 중요한 건 정보공개서 확인이다. 막연하게 프랜차이즈 가맹본부에 찾아가 영업사원들의 이야기를 듣는 것은 도움이 되지 않는다. 그들은 본사의 장점을 어필하고 단점은 숨기려고 하기 때문이다. 그 허실을 파악하는 가장 쉬운 방법이 정보공개서를 확인하는 것이다. 정보공개서 교부를 하지 않는 건 가맹법 위반이다. 단, 신규 사업자이거나 가맹점 수가 일정 수 미달인 경우는 제공의 의무가 없다. 그러기에 신규 브랜드를 런칭하는 가맹본부와 미팅을 할 때는 사전에 질문지를 작성해 두었다가 각 항목을 하나하나 체크해야 한다(질문이 동일해야 프랜차이즈 가맹본부의 선별을 객관화할 수 있기 때문에 특별한 경우가 아니라면 질문의 내용을 바꾸지 않는 것이 좋다).

정보공개서를 통해 확인해야 할 사항은 전년도 가맹점 창업자의 평균 매출이다. 이것이 내가 매장을 오픈했을 때의 기준이 될 수 있다. 가장 쉬운 접근 방법으로, 평균 매출이 나오는 가맹점 열 곳의 주소와 임대 조건을 요구해보자. 그 후 열 곳을 모두 답사해서 상권, 입지, 고객 동선, 매장 규모, 고객 유형 등을 살펴 나름의 기준을 잡고, 내가 출점하고자 하는 상권에 대한 정보를 객관적인 자료를 통해 구체화해야 한다. 그리고 가맹 본부의 최근 3년간 공정거래법 위반 사항과 폐점률을 확인해야 한다. 이를 통해 가맹본부의 업황이 어떤 추세로 흐르고 있는지 읽을 수 있다. 역시나 폐점이 지난 몇 년간 지속해서 늘어나거나 공정거래법 위반 사항이 많은 곳이라면 심각하게 고민해야 하고 다른 경쟁사와 비교한 후에 결정해야 한다.

영업 제한에 대한 부분도 반드시 체크해야 할 영역이다. 영업 활동 제한, 영업권 보호권역, 강제가맹계약 해지에 대한 내용, 그리고 불이익에 대한 내용은 반드시 직접 체크하고 메모해야 한다. 계약서를 너무 쉽게 생각하는 창업자가 되면 안 된다. 만약 프랜차이즈 가맹 창업이 아닌 나 홀로 창업을 하는 예비 창업자라면 준비하는 업종의 아르바이트라도 꼭 경험해봐야 한다. 외식업은 미용실처럼 특별한 기술이나 자격증이 있어야 하는 게 아니다 보니 어디서 좋은 레시피를 받아 메뉴를 만들 줄만 알면 된다는 식으로 쉽게 생각하는 경향이 있다. 그러나 외식 창업이야말로 종합예술에 가깝다. 메뉴, 서비스, 마케팅, 디자인, 상품 구성, 배달, 패키지 등 너무나 복합적인 요소들이 성공을 좌우하는데, 80년대에 머물고 있는 사람처럼 음식점은 맛만 있으면 된다는 안일한 생각이 가지고 있다면 당신은 쫄딱 망하게 될 것이다.

앞서도 언급했지만 업종을 결정했다면 하고자 하는 비슷한 업종에서 단 몇 달이라도 종업원으로 일해 봐야 한다. 그곳이 대박집이라면 노하우를 배우고, 장사가 안되는 곳이라면 반면교사로 삼아 어떤 점이 문제인지를 파악해야 할 것이다. 개인적으로 업계에서 외식업을 가장 객관화해서 보고 있다고 생각되는 사람으로 이연에프엔씨의 정보연 대표를 꼽는다. 그는 "기본도 안 되어 있는 사람에게 기술을 가르쳐서는 안 된다"는 말을 자주 한다. 이처럼 종업원으로 일을 해보는 것은 권투선수가 펀치를 배우기 전에 줄넘기를 하며 체력을 키우는 것과 같은 맥락이라고 볼 수 있다. 개인 창업자들에게는 필수사항이라고 말하고 싶다.

둘째, 좋은 자리를 찾아야 한다.

상권 분석은 그에 대한 제대로 된 책이 없을 정도로 어려운 분야이다. 15년 이상 상권 분석을 해온 나 또한 정확하게 알기 어려운 게 상권 분석이다. 분석은 할 수 있다. 하지만 예상 매출을 계산하는 것과 상권 분석은 또 다른 얘기이다. 여러 교수들이나 컨설팅 전문가들이 말하는 상권 분석은 너무 이론적이다. 말로는 쉽다. 하지만 그들은 현장에는 없다. 그래서 그들의 이론에는 현실감이 없다. 나는 상권 분석이야말로 케이스에 따라 다르다고 생각한다. 때문에 상권 분석을 하기 위해서는 각자의 기준과 체크리스트를 가지고 직접 발품을 팔아 고객 입장에서 움직여야 한다.

가끔 상담을 하다 보면 "좋은 자리가 어디일까요?"라고 묻는 분들이 있다. 매우 어렵고 막연한, 정답이 없는 질문이다. "우리나라에서 가장 좋은

A급 자리는 사거리 횡단보도의 파리바게트가 있는 자리입니다." 또는 "주차장이 확보되고 전면이 좋은 스타벅스 건물입니다"라고 말해줘야 할까? 아니다. 이런 건 흔히들 얘기하는 메인 통로나 동선일 뿐이다. '좋은 자리'는 내가 하고자 하는 업종에 맞는 '최적화된 입지'일 것이다. 또한 초기 투자 비용도 적정해야 정말 좋은 자리라고 할 수 있다.《장사의 신》의 저자 우노 다카시 선생은 인적이 드문 곳에 가게를 차려야 실력이 늘어난다고 강조했다. 맞는 말이지만 현실적으로 그 말을 적용하기는 쉽지 않다. 창업은 실전이지 연습이 아니다. 그래서 필자는 창업 전 프랜차이즈 가맹본부 교육시스템이 굉장히 중요하다고 말하고 싶다. 그리고 개인 창업을 하는 사람은 반드시 다른 가게에서 종업원으로 근무해봐야 한다.

초보 창업자의 경우가 유동 인구가 많은 곳에서 오픈을 하면 손님 귀한 줄 모르는 경우가 많다. 딱히 노력하지 않아도 적당히 손님이 들어오니 장사가 원래 그런 거로 생각하다가 패가망신하는 경우도 봤다. 그런 이들은 잘되면 본인이 잘나서 잘된다 생각하고, 안되면 경기 침체를 탓한다. 매출을 올리기 위한 방법을 강구하지도 않고 노력도 하지 않는 경우가 부지기수이다. 가게 앞에 사람들은 많이 지나다니는데 정작 장사가 안되니 경기가 안 좋은 탓에 사람들이 지갑을 잘 열지 않는다고 자위하는 것이다. 정말 엄청난 착각이다. 사람들이 먹자골목 등에서 할 일도 없이 괜히 돌아다니지는 않는다. 누구나 뭔가 먹거나 사기 위해 돌아다니는 것이다. 그들의 발걸음이 향하는 곳이 당신의 가게가 아닐 뿐 어딘가로 들어간다.

지나가는 고객들이 왜 내 가게에 들어오지 않는 것을 보고도 넋 놓고 있어서는 안 된다.

상권 분석을 오래 하다 보면 의아한 경우도 많다. 흔히들 좋다고 말하는 먹자골목 메인 상권에서 일부 오래가는 집들을 제외하면 대부분의 가게가 자주 바뀐다. 그 좋은 자리의 가게가 자주 바뀌는 이유는 무엇일까? 유동 인구만이 많다고 장사가 잘되는 것이 아니기 때문이다. 메인 상권에 출점을 고려할 때에는 주변에 출점한 가게들과 비교해서 경쟁력이 있는지도 매우 중요한 사항이다. 자리가 한정되어 있기에 가게들 간의 경쟁도 치열하고 과도한 임대료도 유지를 불가능하게 하는 이유 중 하나이기 때문이다.

또한 트렌디한 신규 업장들이 변하고 있다. 얼추 봐서 잘되는 정도로는 직원의 월급을 주기도 빠듯하다 보니 기껏 가게를 열었다가도 금방 접는 곳이 의외로 많다. 한마디로 빛 좋은 개살구라는 것이다. 투자비도 많다 보니 손실도 그만큼 더 크다. 우리가 자주 가는 대박집이 어디 있는지 곰곰이 생각해 보면 특히 오래된 집일수록 메인 상권에 있는 경우는 거의 없다. 대부분 뒷골목이나 이면도로 등 A급지가 아닌 곳에 있다.

그런 곳에서는 임대료가 지나치게 비싸지 않고 적절하기에 임대료 지불에 큰 부담이 없다 보니 원가에 대한 고민 없이 품질에 더 집중하게 되고, 그로 인해 맛집으로 소문이 나서 장사가 계속 잘되게 된다. 임대료가 딱히 세지 않으니 품질에 더 신경 쓰게 되고 그것이 많은 이윤으로 돌아오는 선순환 구조이다. 물론 이런 집들은 운영자의 노하우나 경쟁력이 있어야 가능하다.

이처럼 상권을 겉만 보지 않고 그 이면까지 두루 살펴서 분석하면 많은 변수가 생길 수 있다는 걸 강조하고 싶다. 그렇다고 무조건 임대료가 싸고 인적이 드문 곳에 가게를 차리는 건 당연히 안 된다. 투자비를 고려해서 발품을 많이 파는 게 가장 중요하다. 같은 상권이라도 건물주에 따라 임대료의 차이가 크게 나는 경우를 자주 봤고, 중개인에 따라 협의도 달라지니 최소한 3곳 이상의 부동산에서 자리를 알아봐야 한다. 창업자라면 100군데 이상 점포를 본다는 각오로 임해야 할 것이다.

그 후 마음에 드는 가게를 발견하면 디테일하고 체계적으로 상권 분석을 해야 한다. 자신만의 힘과 지식을 가지고 가게 주변을 분석하면 너무 많은 시간을 소요하게 된다. 기본적인 유동 인구의 체크, 주변 상점 사람들의 정보를 통해 기초 정보를 습득하고, 소상공인 사이트를 통해 상권 내 집객력과 주변 인구, 연령, 남녀 비중을 통해 고객층을 파악한다. 여러 가지 방법으로 분석을 해본 후 해당 프랜차이즈 가맹본부에서 평균 매출을 운영하는 가맹점 10곳과 단순 비교를 해본다.

그 또한 비슷할 경우에는 다음 단계로 넘어간다. 주변 경쟁사에 손님으로 가서 서비스 수준, 품질, 프로모션, 위생/청결, 주인 운영 여부 등 실질적인 조사하고, 경쟁 강도를 직접 느껴보도록 한다. 여기서 조심해야 할 부분은 직접 경험하지 않고 점포를 소개해준 부동산 업자에게 묻는 것이다. 거래가 우선인 공인중개사는 당연히 장점만 얘기할 수밖에 없다. 이런 최소한의 조사도 직접 하지 않는다면 창업할 자격이 없다고 생각한다. 부동산 업자에게 물으니, 차라리 편의점 아르바이트생이나 상권 주변을 담당하는 야쿠르트 아줌마를 찾아가서 음료라도 드리고 공손히 이것저것 묻는 게 훨씬 도움이 된다.

사실 며칠씩 주변을 직접 둘러보며 체크하는 것보다 거기서 현재 장사하고 있는 사람의 이야기를 듣는 게 가장 효과적이지만 그들도 경쟁 업종이 들어오는 걸 꺼리다 보니 객관적으로 이야기해주지 못하고 조금 부정적인 시각에서 이야기하는 경우도 있기에 주의해야 한다. 그리고 유동 인구는 많지만 그 사람들이 매장 방문으로 이어지지 않는 상권이 있다. 이러한 부분은 겉에서 봐서는 잘 알 수가 없기에 그 지역의 주민이나 장사하는 사람들에게 물어야 확실하다.

창업 전에는 장점만 눈에 띄기 때문에 주변에서 장사하는 사장님들에게 꼭 물어보는 게 좋다. 이처럼 겉으로 드러나지 않는 부분들이 있기 때문에 창업을 할 때는 가능하면 자신이 잘 아는 상권에서 하는 게 제일 좋다. 특히 초보 창업일 경우에는 오피스상권과 A급 상권은 피하고, 주거복합상권 중 항아리상권(소비가 상권 외로 분산되지 않고 상권 내에서 주로 소비가 이뤄지는 상권. 즉, 빠져나가지 않는 가두리 상권) 부촌보다는 서민층이 사는 곳이 장사하기 좋다.

임대료도 차이가 크게 나고, 부촌의 사람들이 소비력이 클 것 같지만 더 까다롭게 소비하고, 대부분 차로 이동하는 경향이 있어 주거복합상권을 벗어난다. 그리고 개인적으로 아파트상가와 주상복합에 위치한 상가 등은 추천하지 않는다. 왜냐하면 아파트상가에서 기대할 수 있는 유입 인구의 최대치가 해당 아파트 입주민의 수에 불과하기에 매출의 한계가 뚜렷하다. 이런 곳에서 음식점을 여는 것은 피해야 한다. 게다가 주상복합상가는 일반 상가에 비해 관리비가 턱없이 비싸서 임대료를 한 달에 두 번 내는 정도라고 보면 된다.

셋째, 창업 전 반드시 책을 보고 공부하라.

처음으로 창업을 준비하고 있다면, 창업의 노하우를 가장 빨리 알 수 있는 방법은 책을 읽는 것이다. 단, 책에서 정답을 찾거나 맹신하려 하지 말고 책을 통해 자신만의 기준을 세우고 간접경험을 통해 직접 눈으로 보고 조사할 때 놓쳤던 부분을 채워 가야 한다. 세상은 아는 만큼 보이기에 본인이 전문가가 아닌 이상 시야가 좁을 수밖에 없다. 소통하지 않는 우물 안의 개구리가 되지 말고, 책을 읽고 기본적인 공부를 하기 바란다. 책을 낸 대부분의 저자들이 외식업으로 꽤 돈을 많이 번 사람들이거나 관련업에 전문가로 활동하며 이름을 알린 사람들이다. 그 안에는 분명 우리에게 도움이 되는 내용이 담겨 있다.

배울 내용의 많고 적음이 아닌 내가 창업 시 놓치고 있는지를 점검하는 시간이 될 것이다. 이렇게 강조하는 이유는 책을 통한 공부가 성공의 기본이라고 생각하기 때문이다. 하늘은 스스로 돕는 자를 돕는다고 했다.

열심히 노력해야 운도 따라주는 것이다. 이렇게 창업 전 반드시 체크해야 할 3가지 내용을 알아보았다. 꼼꼼하게 준비하고 확신을 가지고 행동으로 옮긴다면 반드시 좋은 성과를 이룰 수 있을 것이다. 창업하는 분들 모두 건승하시길 바라는 마음이다.

6.

점포 선정이
끝이 아니다

지금부터는 입지 선정까지 기본적인 준비 사항에 대한 이야기에서 점
포 선정 후 기본적인 노하우에 대한 이야기를 하고자 한다. 보통 입지가
선정되면 인테리어 시설공사를 진행하게 된다. 프랜차이즈를 선택하는 사
람들은 본사의 매뉴얼과 규정대로 진행하면 된다. 단 체계가 갖춰지지 않
는 신생 프랜차이즈 본부라면 본인이 스스로 체크해서 점검해야 할 것이
다. 이유는 대부분 협력 업체에 진행을 맡기기에 본사에서 100% 관리감
독이 어렵기 때문이다.

한 번은 이런 일이 있었다. 이연에프엔씨 주간업무회의 자리에서 정보
연 대표이사가 담당 팀장을 격앙된 어조로 질책했다. 이유는 신규 가맹점
의 인테리어 기간 중 가설현수막을 제때 부탁하지 않았다는 것이었다. 나

는 속으로 지금이라도 현수막을 부착하면 되지 저렇게 화를 낼 일인가 싶었다. 하지만 정보연 대표는 차근차근 가설현수막 설치의 중요성에 대해 이야기하는 것을 듣고는 아차 싶었다. 내가 너무 안일하게 생각했던 것을 날카롭게 지적당한 느낌이었다. 보통 신규 가맹점의 인테리어 공사 기간 중에는 매장 입구 쪽에 가설 현수막을 설치한다. 일반적으로 가설현수막은 무지로 하거나 브랜드 아이덴티티BI, Brand Identity 노출 정도만 한다. 하지만 한촌설렁탕은 언제 오픈하는지, 종업원 구인 등의 정보도 함께 기재되어 있다. 정보연 대표는 별거 아닌 듯 보이는 현수막이 엄청난 홍보 효과를 지녔음을 매우 강조했다.

이 매장을 지나가는 사람들과 차량이 이 가게를 무심코 보는 비율이 적어도 50%는 될 거라 추정된다. 특히나 공실이었던 자리 또는 이용했던 매장이 갑자기 공사를 하고, 그 앞에 걸린 현수막에 적힌 브랜드의 매장 오픈일 등의 정보를 보면 큰 관심을 가지지는 않더라도 무의식적으로 인지하게 되는 것이다.

잠정 고객에게 어떤 매장이 들어온다는 걸 미리 알리는 건 굉장히 중요하다. 그런데 이것이 홍보이자 광고라는 걸 모르고 넘어가는 경우가 있다. 특히 여기서 많이들 실수하는 부분이 있는데, 바로 날짜를 지정하는 것이다. 예를 들어 '3월 26일 OPEN'이라고 정확한 날짜를 지정하는 것보다 '3월 말경 오픈 예정'이 좋은 표현이라 할 수 있다. 날짜를 지정하면 공사 지연 등 만일의 사태에 대비할 수 없고, 고객들에게 의도치 않은 거짓

말을 하게 되는 경우가 생긴다. 오픈 전부터 나쁜 이미지를 만드는 일이므로 이 점을 반드시 명심해야 한다. 이후 인테리어 시공을 하는데, 시공 전 점주와 본사의 도면 협의가 있다. 보통 이 경우는 점주, 본사 담당 직원, 본사 협력업체(인테리어) 3자가 만나 평면도와 입면도로 도면 협의와 견적 협의를 진행한다. 이때 본사의 매뉴얼을 강조하고 그에 따라가는 게 일반적이지만, 앞서 말한 대로 노하우가 없는 신생 브랜드 가맹본부이거나 개인 창업자라면 주의해야 할 점 몇 가지를 공유하고자 한다.

첫째, 주방 인테리어에 신경 써라. 초보 창업자인 경우는 주방과 홀 인테리어 중 주방을 소홀히 할 수 있는데, 사실 홀만큼이나 주방도 매우 중요하다. 홀과 주방 비율은 좀 과장해서 5:5가 좋다고 말하는 전문가도 있을 정도다. 그만큼 주방이 넓은 게 좋다고 한다. 초보 창업자들, 특히 주방을 모르는 창업자들이 주방에 소홀해지는 이유는 손님을 한 팀이라도 더 받기 위해 홀을 크게 하려는 것이지만, 그렇게 오픈을 하면 매번 주방장 구하느라 진땀을 빼게 되는 경우가 있다. 주방장들은 근무환경에 대해서 신경을 많이 쓰는데, 홀을 넓히기 위해 주방을 좁히면 주방의 근무환경이 안 좋아지기 때문에 주방장들이 기피하게 되는 것이다. 그러나 초보 창업자들은 이 점을 놓치는 경우가 많다.

주방과 홀 인테리어에서 가장 중요한 부분은 동선이다. 주메뉴에 따라 동선이 달라지기 때문에 반드시 가맹본부 슈퍼바이저(SV/가맹점 관리 담당) 담당자의 조언을 받아야 한다. 동선을 얼마나 잘 짜느냐에 따라서 한 사람분의 인건비가 왔다 갔다 한다. 주방 기구의 배치나 동선만 짜는 전문가가 있을 정도로 매장에 있어서 중요한 부분이다.

주방 설비는 하려는 업종의 유경험자에게 조언을 받는 게 가장 좋다. 일반적으로 홀의 인테리어에는 큰 문제가 없지만, 덕트(배기덕트)와 같이 특정 시설이 들어갈 때는 반드시 전문가의 조언을 받아야 한다. 여기서 전문가란 덕트 시공업자를 말하는 게 아니다. 그들은 책임을 지고 싶지 않아 하기에 설계대로 설치하는 기술자일 뿐이다. 여기서 말하는 전문가란 매장을 운영해봤던 경험자를 말한다.

그리고 이용 고객뿐만 아니라 종업원의 입장에서 근무 환경이 좋도록 시공해야 한다. 최고의 고객은 종업원이라는 말이 있다. 종업원이 만족하지 않는 매장에서는 좋은 품질과 좋은 서비스가 나올 수가 없다. 인테리어 공사 시에 항시 유념해야 한다. 특히나 홀에 좌식 홀을 하시는 분들도 있는데 고객층에 따라 다르지만 가급적 입식 구조의 홀을 추천한다. 좌식 홀은 서빙하는 사람의 피로도가 두 배 이상 올라간다. 그리고 가게의 턱은 모두 없애야 한다. 계단 하나, 턱 하나에 따라 피로도의 차이가 매우 크다. 별거 아니라고 생각하겠지만 이 작은 디테일에 종업원의 모집 여부가 갈린다는 걸 알아야 한다.

재미있는 사실은 초보 창업자들은 모두 테이블 숫자에 굉장히 민감하다는 점이다. 보통 테이블 설치를 완료하기 전에 대부분의 초보 창업자들은 한 팀이라도 더 받고 싶은 마음에 테이블 수를 최대한 많이 놓으려고 담당자와 티격태격하는 모습을 가끔 보게 된다. 물론 처음에는 자리가 부족해 돌아가는 고객들을 볼 때 가슴이 아프겠지만 무작정 테이블만 늘리는 것은 오히려 역효과가 날 수도 있다는 걸 알려주고 싶다.

상권이 오피스상권이 아닌 주거밀집 지역인 경우, 처음에는 적정 테이블 수의 7~80%만 테이블을 배치하는 게 좋다. 나머지 빈 공간은 소품이나 화분 등을 사용해 인테리어를 하는 게 좋다. 그렇게 하면 적은 인원이 들어와도 손님이 많아 보이는 효과가 있기 때문에 다른 고객들로 하여금 심리적으로 더 오고 싶어지게 할 수 있다. 정보연 대표도 비슷한 말을 했다. "상권력에 비해 매장이 커서 테이블의 절반만 손님이 채워져 있는 것보다는 매장이 작아도 90% 이상 손님들로 가득한 게 장사에 도움이 된다. 줄 세우는 것도 전략이다. 무조건 크다고 좋은 게 아니다." 고객들은 심리적인 영향을 받는다. 지나가는 고객이 보기에 매장이 텅 비어 있는 곳보다는 사람들로 많이 채워져 있거나, 줄을 서 있는 곳에는 뭔가 특별한 게 있다고 생각하게 되는 것이다. 그렇기 때문에 피크 타임에 웨이팅이 걸려서 고객이 줄을 서서 기다리는 것은 그 어떤 홍보보다 효과가 좋다. 시간이 지나서 직원들이 업무에 능숙해진 후 대기 손님이 꾸준히 많아졌을 때 테이블을 점차 늘리는 것이 가장 좋은 방법이다.

당신이 경기도 외곽으로 드라이브를 하고 있는데 배가 고파져서 음식점을 찾는다면 어떤 매장을 갈 것인가. 크지만 주차장이 휑해서 사람이 없을 만한 곳에 갈 것인가, 아니면 작지만 주차장에 차가 많이 주차되어 있는 매장에 갈 것인가? 일반적으로는 당연히 크기만 한 곳보다는 작더라도 주차가 많이 되어 있는 곳으로 갈 것이다. 이유는 사람이 많은 곳이 조금 더 기대되기 때문이다. 아직 검증되지 않는 초보 창업도 마찬가지이다.

둘째, 조명에 신경 써라. 요즘 소비자들이 매장에 갔을 때 중요하게 보는 점이 있다. 바로 조명이다. 전문가들은 인테리어의 핵심은 조명이며, 이 부분은 감이 상당히 중요하다고 말한다. 메뉴와 고객층에 따라 조명 스타일 역시 달라진다. 개인 창업자인 경우는 내가 하려고 하는 동종 업계의 잘되는 매장을 참고하면 좋다.

얼마 전 지인을 통해 가맹점 창업을 하고자 하는 30대 초반의 여성분인 D양을 소개받은 적이 있다. 그때 난 지인과 함께 인근 카페의 창가 쪽에 앉아 기다리고 있었다. 10분 정도 후 들어온 D양은 실례가 아니라면 자리를 옮기자고 했다. 무슨 이유인지는 물어볼 새도 없이 구석진 자리로 이동했다. 간단하게 인사를 하고 자리에 앉자 D양은 자리를 옮기자고 한 이유를 밝혔다. 이 카페의 조명이 너무 밝아서 여자들이 싫어한다는 것, 직접 조명으로 너무 밝게 하다 보니 피부 트러블도 눈에 잘 보이고 상대방과 눈을 마주보기도 부담스러워 잘 오지 않는 카페라는 것이었다. 그리고 워낙에 밝다 보니 카페 내의 구석구석 청결하지 못한 부분도 눈에 띈다는 등 안 좋은 점들을 구구절절 이야기했다. 조명에 따라 고객이 움직인다는 것을 몸소 체험하게 된 사건이었다.

가만 생각해보니 어릴 적 소개팅이나 이성을 만날 때 간 분위기 있는 카페나 레스토랑은 공통적으로 인테리어가 좋은 뿐만 아니라 조명과 음악에도 매우 신경 쓰고 있었다는 걸 떠올리게 되었다. 업종에 맞춰서 조명도 잘 골라야 한다. 어떤 조명에 따라 음식도 더 맛있게 보일 수 있기 때문이다. 특히나 술집이라면 백색 계열의 형광등은 절대 금물이다.

또한 식당에는 TV를 설치하지 않는 것이 좋다. 2002 한일 월드컵을 계기로 대부분의 외식 업장에 TV를 설치하는 것이 마치 의무처럼 인식되고 있다. 하지만 이는 별로 추천하고 싶지 않다. 특히 음식점이라면 절대로 설치를 하면 안 된다고 생각한다. 기본적으로 외식 업소에서는 사람들이 음식을 먹으면서 그 음식에 집중해야 하는데, TV가 있으면 거기에 정신이 팔려서 나중에는 뭘 먹었는지조차 생각도 안 나게 되기에 장기적으로 봤을 때 결코 좋지 않다.

장사가 잘 안되는 집에 가 보면 사장이나 직원들이 전부 TV를 보고 있다. 여유가 있는 시간에는 청소나 집기 정비 등 식당 관리에 힘을 써야 하는데, 손님 앞에서 종업원들이 깔깔거리며 TV에 집중하다가 고객의 부름에도 대응하지 못하는 경우도 봤다. 종업원들은 여유 시간이 생기면 TV를 볼 게 아니라 하다못해 가게 앞에서 전단이라도 돌려야 한다. TV는 바보상자란 말이 있다. 이는 외식업에도 그대로 적용된다. 이건 단순히 나만의 생각이 아니라 음식 장사로 수백억 원의 수입을 낸, 여러 성공한 외식업 종사자들이 했던 이야기이다.

그리고 계산 카운터는 대부분 출입구에 있는 경우가 많다. 가장 일반적이기도 하고 고객이 나갈 때의 동선이기에 정석이라고 볼 수 있다. 하지만 작은 가게라면 굳이 입구에 놓을 필요가 없다. 이 부분을 고려하지 못하고 나중에 리모델링을 할 때 카운터 자리를 옮기고 싶어 하는 점주님들도 있다. 이렇게 하는 이유는 카운터 자리를 주방 쪽으로 붙여도 동선에 크게 영향을 주지 않으며, 홀 공간을 더 여유롭게 쓸 수 있게 되는 장점이 있기 때문이다. 가게가 커서 계산만 하는 직원이 따로 있다면 상관없지만 소규모로 운영할 때는 카운터가 주방 쪽에 있는 게 매우 편하다. 이 부분은 앞에서 언급한 동선과 관계된 것으로 피로도를 많이 줄여줄 수 있다.

최근에는 스마트폰이 문제가 되고 있다. 종업원들이 일을 하면서도 주머니에 넣어 둔 스마트폰으로 수시로 메시지를 보내거나 모바일 게임을 하는 모습을 볼 수 있는데, 종업원들의 이런 모습은 손님 입장에서 매우 보기에 안 좋다. 아르바이트생이나 직원들 역시 일할 때는 스마트폰을 한쪽에 비치시켜 두거나, 가지고 있더라도 중요한 일이 아니면 가급적 스마트폰 사용을 자제하는 방침을 두기를 권하고 싶다. 처음 직원을 채용할 때 휴식 시간에만 이용할 수 있다는 지침을 알려주면 어렵지 않게 적용할 수 있을 것이다.

마지막으로 개업일에 대해 이야기해보고자 한다. 우선 개업식은 검소하게 하는 것이 좋다. 특히 지인들을 불러놓고 하는 개업식은 추천하지 않는다. 일반적으로 개업식 날이면 지인들이 많이 오는데, 지인들에게는 차

후에 따로 불러서 대접하는 게 좋다. 왜냐하면 지인들로 인해 고객을 받지 못해 오픈 초기에 어려움을 겪을 수 있고, 지인들은 어지간해서는 음식에 대한 맛이나 가격에 대한 품평을 객관적으로 해주지 못하기 때문이다. 축하해주기 위해 온 손님이기에 그저 좋은 말을 해주기에 급급하다. 그들의 의도가 나쁘다는 것이 아니다. 다만, 개업하는 날에는 축하의 인사보다는 냉정한 평가가 더 필요하다는 것이다. 그래서 이연에프엔씨의 브랜드에서는 오픈 전에 '패밀리데이'라는 행사를 진행한다. 이 행사는 가족과 지인들을 따로 불러 그동안 교육받았던 실력으로 음식을 대접하고 축하를 받고 기념하는 것이다.

그리고 제일 중요한 것이 있다. 개업식 날에는 분명 바쁠 것이라는 생각에 가족이 와서 도와주는 경우가 많은데, 부디 그러지 않기를 바란다. 서비스 정신도 없고 동선도 모르는 사람이 와서 돕겠다고 하는 것은 오히려 방해만 될 수 있다. 설거지 외에는 시키지 말 것을 강조하고 싶다. 지금까지 창업 전에 체크해야 할 몇 가지 항목들을 알아보았다. 사전에 준비하고 체크해야 하는 일들은 수십 가지 아니 수백 가지까지도 나올 수 있지만 창업자가 준비하기 나름이라고 말하고 싶다.

지금 이 순간에도 폐점하는 자영업자가 생기고 있다. 안타까운 마음에 하나 더 조언을 하자면 '지극한 성실함이 곧 탁월함이 된다'고 전하고 싶다. 기본에 충실한 창업자만이 성공할 수 있다.

7.

브랜드 명성에
현혹되지 마라

국내 외식 프랜차이즈의 성장세는 지난 20년간 끊임없이 성장 중이다. 다른 누군가는 통계에 의한 시장을 볼 것이고, 종사하는 관계자들의 시각에서 보는 이도 있을 것이다. 외식업 중 프랜차이즈가 분리되어 있음에도 불구하고 프랜차이즈 산업과 외식업을 통틀어 싸잡아 보는 이도 있다. 경제 관점, 종사자 관점, 자영업자 관점과 프랜차이즈 가맹점주의 관점이 각각 다르다는 것이다. 다시 말하면 프랜차이즈와 자영업자도 분리해서 통계를 내야 하고, 업종과 규모에 따라 비교하는 통계도 나와야 한다. 그 이유는 예비 창업자들은 사회적 지위나 직업, 나이, 성별에 상관없이 언론에서 제공하는 정보에 큰 의미를 두고 업종을 선택하기 때문이다.

서두에 이런 말을 먼저 하는 이유는 관점이 각각 다른 이들이 하는 말과 정확한 기준이 무엇인지도 알 수 없는 곳에서 나오는 수많은 기사와 홍보 자료를 보고 창업을 고민하는 예비 창업자들이 걱정되어서다. 이들은 깊이 있게 고민하거나 의심하지 않는다. 매체를 신뢰하고 객관적인 사실이라고 생각하기 때문이다. 그렇다. 정확한 사실을 홍보하는 것은 맞다. 하지만 간혹 뭉뚱그리거나 기획기사를 통해 특정 기업 밀어주기식의 기사도 있으며, 관점이 다른 기준에서 보는 걸 심각하게 다루기도 한다. 작은 실수가 크게 오인되는 경우도 봤고, 반대로 관리도 시스템도 없는 기업이 좋은 기사에 실려 유망 브랜드가 되는 걸 수없이 봐왔다.

마치 언론에서 한 명의 스타를 쉽게 만드는 것과 같이 돈으로 유명 브랜드가 되는 업체도 있기에 조심스럽고 객관적으로 살펴봐야 한다. 지금 잠시 책을 덮고 인터넷 검색사이트에 프랜차이즈 창업이라는 키워드로 검색을 해보자. 무수히 많은 가맹본부와 그에 관한 기사들을 볼 수 있을 것이다. 우리는 그런 정보를 볼 때 50% 이상 신뢰하는 마음으로 접한다. 물론 가맹본부에서 하는 사업설명회와 각종 창업박람회, 그리고 각자의 주거지 근방에 있는 가맹점의 실제 운영 형태 등을 보고 결정하겠지만, 온라인 및 SNS^{사회관계망서비스}를 통한 고객 반응, 마케팅, 홍보 기사를 보고 유망 프랜차이즈라고 '자기도 모르게 판단하여 결정에 영향을 준다는 것'이다. 프랜차이즈 가맹본부를 선택할 때는 자가 진단과 업체 선별 체크리스트를 통해 필요한 정보를 습득하는 게 중요하다.

프랜차이즈 가맹점을 선택하는 창업자들의 대부분은 개인 창업보다는 시스템이 잘 갖춰진 프랜차이즈 브랜드 창업이 다소 유리하다고 판단하여 결정한다. 이유는 경쟁력 있는 메뉴 개발, 마케팅 홍보, 가맹점 수를 통한 비보조 인지도, 그리고 교육을 통해 발전해 가는 가맹점 등이 있을 것이다. 이것이 우리가 창업할 때 꿈꾸는 프랜차이즈의 모습이다. 하지만 현실을 보면 업체를 잘못 선택해서 개인 창업과 별다를 것 없는 상황이 온다. 게다가 물류 마진에 가맹본부의 이윤이 과하게 묻어 있고, 제품이 정상적으로 배송되어 오지 않고, 구매 단가는 점점 올라가 점주 마진율이 낮아지고, 가맹본부가 자금난에 허덕거려 기본적인 브랜드 마케팅도 없고, 메뉴 개발이 1년 넘게 실행되지 않으며, 가맹점을 관리하는 슈퍼바이저들 인력이 부족해서 관리보다는 점검 위주로 돌리는 가맹본부들이 수두룩하다는 것이다.

심지어는 100개 이상 가맹점을 가지고 있는 가맹본부가 대표를 포함해서 직원이 10명이 채 안 되는 곳도 있다. 가맹본부 역할을 제대로 알고서 운영하는지 의구심이 든다. 너무 부정적인 내용인 것 같지만 문제는 이런 프랜차이즈 가맹본부가 실제로 수도 없이 많다는 것이다. 그러나 이런 업체들이 처음부터 그랬던 건 아니다. 그 예로 불과 몇 년 전에 유망 업종으로 꼽혔던 8평형 저가 주스전문점을 보자. 다들 한 번 이상은 먹어봤을 메뉴이다. 기존 카페 문화에서 새로운 역사를 썼던 이 주스전문점이 대박을 내면서 기존에 카페와 거리가 멀었던 10대 소비자들까지 유입시켰다. 아빠와 엄마의 손을 잡고 매장으로 끌고 가는 12살 된 초등학생부터 주머니 사정이 넉넉하지 않은 중·고등학생의 발길이 끊이지 않을 정도로 인기가 정말 대단했다.

저렴한 가격으로 인해 소비자들의 구매 주기가 많았고, 생과일에 시럽을 첨가한 달달하고 부담 없는 맛으로 승부했던 전략이 대박을 견인했다. 또한 테이블을 없애고 100% 테이크아웃 형태로 판매하는 굉장히 파격적인 방식이 고매출로 연결되는 가장 큰 성공 전략이었다. 하지만 시장은 호락호락하지 않았다. 쥬○ 업체 한 곳이 독식하던 시장에, 갑자기 10여 개 이상의 유사 브랜드들이 등장한 것이다. 당시 언론에서 주스전문점 창업에 대한 긍정적인 보도를 쏟아낸 것도 이와 같은 시류에 일조했다. 주스 브랜드 창업이 소자본으로 가능하다는 뉴스까지 나오자, 대한민국 창업자의 70%에 해당하는 1억 이내 소자본 창업자들이 주스전문점을 열기 위해 줄을 서기 시작했다.

하지만 후발주자 브랜드들이 거둔 성적표는 참담했다. 실제로 당시에 카페 창업을 준비하던 A씨도 대학로 이면 상권에 후발주자 브랜드를 선택해서 오픈했다. 그러나 이렇다 할 매출도 못 올리고 폐점하게 되었다. 절대강자가 없는 시장이라고 할지라도, 브랜드 간의 서열은 구분지어지기 마련이다. 소비자들은 기본적으로 '미투 브랜드'를 선호하지 않는다. 아울러 한정된 상권 안에 비슷한 메뉴를 다루는 가게가 우후죽순 생겨나면, 결국 브랜드 서열의 앞에 있는 브랜드만 살아남게 된다.

그로부터 1년 후 시장에서 눈에 띄게 성장했던 주스 업체의 매출은 점점 하락했고 이제 다시 창업자들은 카페 창업으로 등을 돌리게 되었다. 그렇다면 가맹본부들은 어떨까?

메뉴 개발에 매진하고 브랜딩 활동을 높여서 가맹점주를 위해 노력하는 가맹본부가 몇이나 될까? 내가 아는 몇몇 회사는 운영하는 가맹점이 있기에 일부 담당자 몇 명만 남기고 나머지 인원은 신규 사업에 중점을 두고 있었다. 이런 몇몇 업체들로 전체 가맹본부가 사기꾼이라는 소리를 들었던 것이다. 전 재산을 쏟아부어 제2의 인생을 멋지게 살고자 했던 가맹점주들을 위해서 새로운 메뉴 개발과 브랜드 활동, 그리고 함께 돌파구를 찾아야 함에도 전혀 양심의 가책도 없이 기존의 사업을 버리고 신규 사업을 하는 기업을 예비 창업자들은 결코 선택해서는 안 된다.

모든 기업이 이에 해당되는 것은 아니지만 특정 기업에서 유독 브랜드가 많은 회사, 하지만 본사 직원 수는 많지 않은 회사, 생산 시설, 메뉴 개발에 투자하지 않고 양적 성장만 하는 회사일수록 앞에서 언급한 불성실한 가맹본부일 확률이 90% 이상이라고 본다. 또한 시장이 돌고 도는 것 같다. 예전 팥빙수전문점이 유행했을 때도 이러한 사이클로 진행되었다. 이유야 뻔하다.

경기 침체 → 저가 대박 브랜드 등장 → 유사 브랜드 등장으로 시장 나눠 먹기 → 소비자 흥미 하락으로 인한 매출 하락 → 양적 성장만 목표로 하던 가맹본부의 폐업 → 가맹점 폐점 → 업종 선호도 폭락

이유를 하나 더 들자면 유명 브랜드의 히트 메뉴 도입이 시장을 더 어렵게 한다는 것이다. 외식 시장 중 프랜차이즈업에서는 유행에 따라 울고 웃는 가맹점이 생길 수밖에 없다. 가맹본부만의 문제도 아니고 유행에 민감한 소비자들도 한몫한다고 생각한다. 창업을 할 때 유망 브랜드에 너무 현혹되어 정확하고 객관적인 판단을 하지 못하는 경우도 있다. 지금 다시 스스로에게 묻기를 바란다. 내가 선택하는 브랜드는 정말 객관적인 시각으로 바라보고 선택했는지, 점검하고 거래만 하려는 가맹본부가 아닌 가맹점과 소통하는 가맹본부인지, 10년을 함께할 수 있는 기업인지, 반짝하고 히트하는 아이템은 아닌지, 저가 아이템이기에 소비자가 선호하는 것은 아닌지.

어쩌면 해답은 단순하다. 내가 소비자가 되면 된다. 하지만 스스로 고정관념에 갇혀서 생각하는 창업자들이 있기에 조심스럽다. 제2의 인생을 시작하는 창업자에게 이 메시지가 큰 힘이 되길 바란다.

8.

정보공개서가 알려주는
창업 위험신호

프랜차이즈 창업을 하기 위해 가맹본부와 1차 상담 시 가맹본부에서 제공하는 3가지 자료가 있다. 정보공개서, 가맹계약서, 인근 가맹점 현황 문서이다. 이 중 계약서는 의미와 중요성을 잘 알 것이지만 아마도 정보공개서라는 건 예비 창업자가 봤을 때 생소할 것이다. 창업 시장에서 창업자에게 노출된 수많은 위험변수가 있지만, 사실 프랜차이즈 정보공개서만 잘 활용해도 많은 정보를 알 수가 있고, 제대로 운영되는 기업인지 알아챌 수 있다.

가맹사업법에 의해서 작성되는 정보공개서에는 상당히 많은 정보를 포함하고 있으며 그중에서 위험신호로 여겨질 수 있는 것들도 있다. 그중 중요한 사례를 소개하고자 한다. 한때 주류 프랜차이즈 중 한 유명 업체인 브랜드와 분식으로 유명한 브랜드, 핫도그, 주스브랜드 최근 정보공개서를 살펴보면, 프랜차이즈 정보공개서가 창업자에게 얼마나 중요한지를 다시 한번 생각하게 만든다.

정보공개서는 단순히 가맹본부로부터 제공받은 창업 관련 자료 하나가 아니라, 그야말로 창업자의 운명을 좌우할 수도 있는 매우 중요한 법적 문서인 것이다. 기본적으로 프랜차이즈 가맹점 창업자를 보호하기 위해 만들어진 가맹사업법. 그 중심에는 가맹본부가 법률에 규정된 방식으로 작성된 정보공개서를 반드시 창업자에게 제공해야 하는 의무를 담고 있다. 정보공개서는 곧 프랜차이즈 본부 또는 가맹사업에 대한 구체적인 사전 프로필이며, 창업자가 반드시 알아야 할 또는 확인해야 할 여러 중요한 정보를 담고 있다. 하지만 제공받은 창업자들이 이 정보공개서의 내용을 제대로 보려고 하지 않는 게 문제다.

실제로 내가 컨설팅을 하기 위해 고객과 상담 시 정보공개서를 제공하면서 반드시 읽어보라고 말하면 '좋은 브랜드이니 믿고 하면 되죠?'라며 정보공개서를 제대로 살피지 않는다. 창업자의 태반이 이런 식이다. 이런 상황을 겪을 때면 도대체 어떤 생각으로 창업을 하려는지 궁금해진다. 프랜차이즈 창업을 하면서 가맹본부의 정보를 잘 보지도 않는 예비 창업자들을 보면 결코 잘될 것이라고 생각되지 않는다. 창업 후 가맹본부와 트러블도 많을 것이다. 개설 담당 영업사원의 말만 믿고 창업을 한다는 건 너무나 태만하고 준비성이 없는 창업자라는 것이니 잘될 수가 없다.

자, 그럼 이 중 주류 프랜차이즈의 정보공개서를 바탕으로 창업자가 프랜차이즈 정보공개서를 통해서 어떠한 위험 신호가 있고 어떻게 해석해야 하는지 등에 대해 자세히 살펴보도록 하자. 창업자 입장에서는 그저 익숙하지 않은 숫자의 나열로 여겨질 수 있지만, 이 정보공개서 안에 위험 신호가 있다는 걸 안다면 적어도 부실한 가맹본부를 선택하는 실수를 범하지 않을 수 있을 것이다.

우선 P프랜차이즈의 정보공개서가 보여주는 첫 번째는 바로 가맹본부의 재무 상태다. 아울러 영업 성적표를 통해서도 확인할 수 있다. 이 브랜드의 정보공개서에는 중요한 회계 정보가 담겨 있는데, 이를 통해 이 회사의 자산 규모가 최근 크게 줄어들고 있음을 알 수 있다. 한 언론사의 기사에서 보았는데 2015년에 130억을 넘어섰던 자산 규모가 2017년도에는 78억 원 수준으로 줄었다. 회사의 매출액도 280억에서 130억 원 수준으로 반 토막이 났다. 당연한 결과이지만, 최근 이 회사는 수십억 원의 적자를 기록했다. 하지만 여전히 가맹점 사업은 정상적으로 운영하고 있다. 안되는 가맹점도 있지만 잘되는 가맹점도 있기에 상담으로 잘 훈련된 직원들은 적절히 사례를 들어 예비 창업자에게 잘 설명할 것이라 예상된다. 예비 창업자는 결국 그 말에 설득되어 고개를 끄덕일 것이다. 안타까운 건 정보공개서를 제대로 봤다면 던지는 질문이 달라질 것이고, 적자가 계속되는 흐름에 대해서 심각하게 받아들일 것이며, 나아가 잘되는 곳과 안되는 곳의 원인도 알 수 있게 될 것이다. 원인을 알아야 처방을 하듯이 아무런 내용도 모른 채 그저 장밋빛 인생을 꿈꾸는 창업자들에게 꼭 정보공개서 만큼은 숙지하고 필독하라고 이야기하고 싶다.

내 경험으로는 가맹본부의 재무 상태 또는 영업 환경이 급속도로 나빠지는 것은 프랜차이즈 가맹점 창업자가 가장 주의해야 하는 부분이다. 가맹본부에 위험 신호가 오면 가맹점으로 그 위험이 이어지게 되는 건 당연한 일이다. 가맹본부가 제대로 역할을 하지 못하기 때문이다. 이는 곧 가맹점의 경쟁력 약화로 이어지게 된다. 경쟁력이 약화되면 약육강식의 세계인 외식 시장에서 살아남지 못한다. 그래서 가맹사업법이 정보공개서에 이러한 가맹본부의 중요한 정보를 표시하도록 강제하고 있는 것이다.

P프랜차이즈의 경우에도 최근 몇 년간 자산 규모가 크게 줄고, 매출액이 절반으로 주는 등의 심각한 문제가 벌어지고 있지만 창업자들은 정작 그런 중요한 위험 신호를 알아채지 못하고 있다.

P프랜차이즈의 정보공개서가 알려주는 두 번째 중요 정보는 바로 매장 수의 급격한 감소다. 프랜차이즈 사업에서 매장 수가 줄어든다는 게 어떤 것을 의미하는지 구구절절 설명할 필요가 없을 것이다. 언론 기사에 따르면 이 브랜드의 매장 수는 2015년에 100개에서 2017년도에는 51개로 줄어들었다. 직영점은 11개에서 6개로 줄었다. 최근 3년 동안 폐점한 가맹점 수가 무려 68개에 이른다. 현재의 가맹점 수가 채 50개도 안 된다는 것을 감안하면 얼마나 위험한 상황인지 누가 봐도 쉽게 알 수 있다. 이 같은 위험 신호 역시 정보공개서를 살펴보면 쉽게 알 수 있다. 하지만 많은

창업자들은 이러한 정보를 알아채지 못한 채 가맹계약을 체결하고 가맹점을 새로 열고 있다.

아무리 장점을 많이 가지고 있는 가맹본부라 하더라도 이러한 상황들이 전개되고 있다면 가맹본부로서 제대로 역할을 수행하기 어렵기 마련이다. 결국, 그 피해는 고스란히 가맹점에게 돌아가는 것이다. 소비자의 입장에서 봐도 우리 동네에 망했던 P브랜드를 다른 동네에서 선뜻 다시 이용하기는 어렵다. 창업 유행주기가 짧기도 하지만 소비자들에게 망한 브랜드로 인식되는 것 자체가 무서운 것이다. ○○○프랜차이즈 본사는 가맹점의 폐점 시, 폐업 후 7일 이내에 간판을 철거하고 현수막에 매장 이전으로 문을 닫는다는 현수막을 부착한다. 이런 식으로라도, 폐점에 대한 소비자의 부정적인 인식을 최대한 희석시키고자 노력하는 것이다.

최근 베트남 음식전문 프랜차이즈 가맹점이 급속도로 폐업을 하고 있고, 핫도그 브랜드 또한 너무 많은 폐업을 하고 있다. 이미 소비자들에게는 한물간 외식 브랜드로 인식되고 있는 것이다. 현명한 운영자는 벌써 다른 아이템을 물색 중일 테고 이미 바꾼 창업자도 많을 것이다. P프랜차이즈의 정보공개서가 알려주는 세 번째 정보는 광고비와 판촉비의 집행 내역이다. 나라면 가맹본부 선택 시 가맹점에게 광고를 해주는지, 얼마나 뭘 어떻게 해주는지가 궁금해서 이 항목을 잘 살펴볼 것이다. 이 항목의 중요성을 많은 창업자가 놓치기 쉬운데, 이 회사의 경우 연간 매출액이 130억 원을 넘어서지만, 연간 광고비 집행은 채 2,000만 원에도 미치지 못한다. 판촉비 또한 연간 3,800만 원 정도를 쓴 것에 불과하다. 가맹본부가 집행하는 광고비와 판촉비가 결국 가맹점의 매출로 이어진다는 것을 감안하면, 역시 매우 중대한 위험 신호 중 하나임을 알 수 있다.

이처럼 프랜차이즈 가맹본부가 법률에 따라서 의무적으로 제공하고 있는 정보공개서는 창업자의 의사 결정에 중대한 영향을 끼치게 마련이다. 우수 프랜차이즈와 불량 프랜차이즈를 구별할 수 있는 가장 중요한 기준이다. 그런데, 여전히 많은 창업자가 정보공개서의 중요성을 제대로 깨닫지 못하고 있어, 큰 피해로 이어지지 않을까 하는 우려를 하지 않을 수 없다. 이 글은 기본적으로 창업자에게 정보공개서의 중요성을 강조하기 위해 작성되었음을 밝힌다. 창업자 입장에서는 자신이 선택하려고 하는 가맹본부의 정보공개서를 제대로 파악하는 데 도움이 되기를 바란다.

9.

키맨Keyman을
노려라!

예비 창업자가 오픈한 어느 브랜드 가맹점에 대한 이야기를 하고자 한다. 특히나 '오피스상권'이나 오피스 포함 '주거복합상권'에서 장사를 하다 보면 단체로 식사를 하는 모습을 보거나 경험할 수 있다. 매일 여럿이 식사를 해야 하는 입장에서는 메뉴를 고르는 것도 일이 된다. 그때 항상 주도적으로 메뉴를 고르는 '키맨'이 있다. 장사의 경험이 없는 사람은 이 키맨이 누군지 잘 모를 수 있다. 최연장자나 가장 직급이 높은 사람이 키맨이라고 속단하기 쉽다.

비슷한 사례로 ○○○샤브샤브 브랜드에 근무 경험이 있던 배달전문가이자 현재 제이투케이에프앤비의 정만희 이사가 실제로 경험한 일을 이야기해보고자 한다.

당시 ○○○샤브샤브는 지난 10여 년간 경쟁할 만한 브랜드가 없을 정도로 국민 샤브샤브집으로 통했으며, 전성기 때 엄청난 매출을 올렸다가 2013년 이후 샐러드바의 유행으로 인해 기존 콘셉트를 유지한 매장의 매출이 떨어지고 있었다. 특히 오피스와 주거가 섞여 있는 상권에 입점한 매장들의 매출에 타격이 컸다. 샤브샤브 메뉴의 특성상 회식 메뉴로는 고깃집에 밀리고, 가족 고객을 대상으로는 샤브샤브+샐러드바 메뉴가 있는 다른 곳과 비교했을 때 경쟁력에서 밀려 영업 전략을 잡기가 쉽지 않은 상황이었다.

그중 한 매장의 상황은 심각했다. 경기도 화성에 위치한 그 매장은 대규모 공장 단지에 그들을 위한 중규모의 아파트 단지가 들어서 있는 마치 섬과 같은 형태의 독립상권에 위치한 매장이었다. 이런 곳을 항아리상권이라고 한다. 항아리상권의 매장은 주로 단골 위주의 영업을 해야 하고, 실제로 5년 넘게 단골 고객을 대상으로 큰 매출을 올리던 매장이었으나 대형 샤브샤브+샐러드바가 대형마트에 입점하자 매출이 반 토막이 났다. 말이 쉬워 반 토막이지 입장 바꿔서 월 400만 원을 받던 직원이 월 200만 원을 받게 됐다고 생각해보자. 나가는 고정 지출은 정해져 있는데 수익이 줄면 생활은 엉망이 될 것이다. 단순히 허리띠를 졸라맨다고 해결될 상황이 아닐 수도 있다.

매장의 매출이 반 토막이라는 건 통상 고정비를 제외하면 20~25%가 남는 영업 이익에서 더 이상 가져갈 돈도 없다. 게다가 임대료와 관리비는 줄일 수 없으니 고정비를 줄이고자 종업원을 해고한다. 잘못된 선택을 하는 운영자도 생긴다. 고정비를 줄이기 위해서라는 명목으로 식자재 품질을 떨어트려 음식의 품질은 낮아지게 되고, 종업원을 줄인 탓에 서비스 또한 엉망이 된다. 그러나 이런 상황을 극복하려면 품질을 유지시키고 지역 마케팅을 통해 매출을 올리고자 노력해야 한다.

정만희 이사가 관리했던 이 매장은 기존 고객을 다시 확보하기 위해서 다양한 프로모션을 진행했지만 매출은 요지부동이었다. 이미 새로 입점한 샤브샤브+샐러드바는 지역 주민들의 외식하기 좋은 핫플레이스가 되어 있었다. 기존 고객의 마음을 돌리기는 매우 어려운 상황이었기 때문에 남은 방법은 신규 고객을 유치하는 수밖에 없었다. 신규 고객 유치를 하기 위해 정만희 이사는 무작정 전단을 들고 점주와 함께 매장 근처에 있는 공장단지를 돌기 시작했다. 매장 반경 5km 내외에 있는 공장단지에는 300여 개의 중소업체가 몰려 있었다. 영업하기 전 하루에 10군데 정도를 다니다 보니 새로운 사실을 알게 되었다. 공장단지에서 점심에 대한 수요와 회식에 대한 수요가 어마어마하다는 것이다.

입지의 특성상 점심 수요를 잡기는 불가능했다. 점심시간이 짧아 사람들이 멀리 나와서 먹기보다는 대부분 인근 식당에서 해결하기 때문이다. 거리가 멀기도 했고, 일반 한식이면 배달이라도 할 텐데 샤브샤브의 특성상 식사 시간이 길어서 배달식으로 판매하기도 쉽지 않았다. 공장단지 근로자들은 공장 인근에서 회식을 주로 하고 있다.

공장단지에서 출퇴근 시 대부분 자가용을 이용하기 때문에 회식 장소로 차를 끌고 갔다가 회식이 끝나면 대리운전을 불러야 하는데 차량 대수가 많아서 지연되는 경우가 많고 차를 회사에 두고 회식 후 공장으로 와서 대리를 부르기도 번거롭다. 그래서 회식도 공장단지 내에서 할 것 같지만, 사람들은 점심을 먹은 곳에서 또 술을 먹고 싶어 하지는 않다는 특성이 있다. 이런 이유로 공장단지의 업체 사람들이 주로 회식을 하는 곳이 현재 운영 중인 매장이 위치한 상권이었다. 이 사실을 알게 되어 다시 상권 분석을 했더니 매장 근처의 고깃집들이 장사가 잘되었던 이유가 이 때문이라고 판단됐다.

신규 고객 유치에 대한 단서를 잡았으니 이제 그들을 어떻게 끌어당기느냐만 남았다. ○○○샤브샤브 매장에서는 우선 할인권을 증정해봤다. 하지만 소용없었다. 다음으로 소주 1+1 증정 이벤트 내용이 있는 전단을 공장단지 내에 붙여 홍보했다. 그러나 그들의 발길은 꿈쩍도 하지 않았다. 퇴근 시간에 맞춰 나가서 사람들에게 전단을 돌려보지만 쳐다도 보지 않는다.

이쯤 되자 샤브샤브는 회식 메뉴와 맞지 않을지도 모른다는 근본적인 회의가 들었다. 점주도 함께 지쳐 갔다. 괜한 홍보를 하느라 홍보비만 쓴 것 같았다. 그러던 중 의외의 장소에서 실마리를 찾았다. 그 장소는 바로 ○○○샤브샤브 본사 사무실이었다. 한 달에 한 번 하는 회식 장소를 사무실의 막내 여직원이 찾고 있었던 것이다. 사실 직장을 다녀본 사람들은 모두 공감할 것이다. 회식 장소는 그 조직의 부서장 혹은 막내가 추천하는 곳으로 결정된다는 것을 말이다. 이것이 돌파구라고 생각한 정만희 이사는 부서장을 만나는 것은 쉽지 않으니 공략 대상을 여직원으로 바꿔보았다. 옷을 깔끔하게 갖춰 입고 전단 대신 세련된 디자인의 2인 무료시식권을 공장단지 내 기업의 경리를 보는 여직원에게 주었다. 당장 매출이 일어나지 않아도 된다는 마음으로 투자를 한 것이다.

그렇게 주말이 지나자 낯익은 얼굴들이 하나둘씩 보이더니 저녁 시간대의 매출이 움직이기 시작했다. 간헐적이지만 회식 팀들이 일부 들어오기 시작한 것이다. 회식의 특성상 주류의 판매가 많다 보니 어떨 때는 한 팀에서 나온 매출이 하루 장사한 매출보다 많을 때도 있었다. 반응이 있자 이 방법에 조금 더 집중해 보았다. 좀 낯간지럽지만 장미도 한 송이 준비했다. 그동안 문전박대 당했던 곳에서도 호의적인 반응을 보이기 시작했다. 막내들의 마음을 얻으니 그동안 몰랐던 정보도 들어왔다. '회식을 하기에는 공간이 분리되지 않아서 불편하다.' '파전이 맛있어서 막걸리가 생각나는데 막걸리를 파는 곳이 없다.' '건물 내 주차안내원이 불친절해서 다툼이 있었다.' 등 다양한 속내를 들을 수 있었고, 그 정보를 적용할 수 있는 부분이 있으면 모두 반영했다. 회식이 끝나고 따로 시식권을 챙겨주는 센스도 발휘했다.

이런 활동을 주기적을 계속 진행하였더니 이 활동을 하기 전보다 매출이 월 3,000만 원에서 4,000만 원으로 약 1,000만 원의 매출이 올랐다.

외식업을 경험한 분들은 알겠지만 월 1,000만 원의 매출을 올리기란 결코 쉽지 않다는 것을 알 것이다.

영업에서는 키맨을 발견하는 것이 중요하다고 한다. 대상자가 의사 결정을 하는 데 결정적인 단서를 제공하는 사람을 지칭하는 키맨은 의사 결정자에게 있어 설득자가 아닌 정보제공자의 역할을 하기 때문에 그의 말은 그 무엇보다 설득력 있는 메시지가 된다. 고객을 매장으로 이끌고 싶다면 내 고객의 키맨이 누구인지 반드시 고민해보자.

10.

고객의 마음을
움직이는 방법

 지금 돌이켜보면 조금 지난 트렌드지만, 무라카미 하루키가 본인의 에세이집에서 언급한 '소확행'이라는 용어가 소비 시장을 강타한 적이 있다. 개념적으로는 일상에서 느낄 수 있는 소소한 행복을 의미하는 단어지만, 마케팅 용어로 치환되면서 가성비와 가심비를 모두 아우르는 개념이 되었다. 이제 소확행이라는 단어 자체를 사용하는 빈도는 크게 줄었지만, 그 개념만큼은 오히려 소비 시장에서 주류가 된 셈이다. 창업을 준비하면서 고려해야 할 것들을 나열하면, 그 가짓수가 수십 가지는 족히 될 것이다. 하지만 모든 준비가 완비되었다고 하더라도 결국 '이 가게를 이용하면서 손님이 느낄 행복감(만족감)'의 크기가 창업의 성패를 가늠한다는 사실은 분명하다.

그렇다면 손님에게 행복을 주는 가게란 어떤 곳일까? 최근 몇 년간 '소비자의 체험'을 중요하게 생각하는 마케팅방식이 유행하고 있다. 이미 십수 년 전에 모리스 홀브룩Morris Holbrook과 알베르트 O. 허시먼Albert O. Hirschman 교수가 주창한 것처럼 행복을 주는 소비는 '공감각적 자극과 이미지, 판타지, 정서적인 환기'를 특징으로 한다. 이 개념은 일면 가성비를 중요하게 생각하는 실용적 소비와 대척점에 있는 것으로 이해될 수 있지만, 실제 구매가 일어나는 과정에서는 실용적 소비와 쾌락적 소비의 가치가 중복되면서 일어난다.

일상에서 일어나는 크고 작은 소비의 행태를 보자. 아이에게 김밥을 한 줄 사 먹으려는 엄마를 예로 들 수 있다. 한 줄에 1,500원짜리 김밥을 파는 가게와 5,000원짜리 김밥을 파는 가게 사이에서 고민하던 엄마는 짧은 순간 몇 가지 가치 판단을 한 후에 5,000원짜리 김밥을 파는 프리미엄 김밥전문점을 선택한다. 두 가게 앞을 서성일 때 1,500원짜리 김밥집으로 들어가는 옆집 아이 엄마와 눈인사를 나누면서 '내 아이에게는 저 옆집 엄마가 아이에게 주는 것보다 더 비싼 것을 먹이고 싶다'는 쾌락적 사고와 함께, 지난주에 미리 받아 두었던 '김밥 2,000원 할인쿠폰'을 사용해야겠다는 실용적인 사고를 동시에 한 결과다.

단순하게 실용적이고 높은 가성비를 제공한다는 관점에서만 매장을 운영한다면, 점주가 할 수 있는 영역이 좁아진다. 손님이 단순하게 그 상품을 획득한다는 개념으로만 가게를 인식할 것이기 때문이다. 이러한 인식이 극단에 이르게 되면, 식사가 필요한 사람은 굳이 오프라인으로 나와서 식당을 찾기보다 인터넷으로 HMR 식품을 구매해서 먹거나 배달음식을 찾는 패턴을 보이게 된다. 결국 외식업 가게는 나란히 출점한 옆집 식당과 경쟁하는 것에 더해 눈에 보이지 않는 온라인 식품 판매점과도 경쟁해야 하는 상황을 마주하게 된다. 그 때문에 오프라인 매장은 앞으로 '쾌락적 소비'에 조금 더 비중을 높여서 운영해야 한다. 위에 적은 사례와 같이 실용적인 소비만 강조한다면 온라인 식품 판매점과 비교해서 경쟁력을 갖기 어렵기 때문이다.

프랜차이즈 브랜드가 시장에 보편화되면서, 가게에 경쟁력과 변별력을 부여할 수 있는 것은 실상 몇 가지 남지 않게 되었다. 그 가운데에서 가장 큰 지분을 차지하는 것은 가게에서 일하고 있는 사람이 보여주는 태도다. 같은 브랜드의 식당을 가더라도 가까운 곳에 있는 A식당보다 조금 더 멀리 있는 B식당을 찾게 된다면, 이는 분명 B식당에서의 고객 경험이 더 나았음을 의미한다. 실용적 소비와 쾌락적 소비는 대부분 동시에 일어난다. 어떤 매장이든 기본적으로 실용적 소비 선택의 기준이 되는 좋은 제품에 좋은 가격, 구매 과정의 편리함이 중요하다.

더불어 오프라인 매장이기에 장점으로 내세울 수 있는 쾌락적 소비의 가치 부여를 통해 고객의 선택을 돕는 것이 매장 운영의 핵심이다. 이는 매장경영컨설턴트 이금주 작가의 저서 《잘나가는 매장의 탄생》에서 이야기한 '경영인의 세 가지 역할' 중 하나인 '판매 감수성' 높이기와 같은 맥락이다. 지금 우리는 잠들기 전에 주문하면 다음 날 새벽에 땅끝마을 맛집의 음식을 배송받을 수 있는 시대를 살고 있다. 막연하게 창업을 꿈꾸기 이전에, 소비자의 관점에서 내 가게를 찾아 지갑을 열어야 하는 '분명한 당위성' 한 가지 정도는 마음에 품어야 생존할 수 있다.

11.

반드시 피해야 할
프랜차이즈 가맹본부

대한민국은 현재 프랜차이즈 공화국이라고 해도 과언이 아니다. 20대 부터 중장년층에 이르기 까지 많은 연령대 사람들이 창업을 준비한다. 그 중 단연 운영방식이 편한 프랜차이즈 창업을 선호한다. 하지만 준비되지 않은 예비 창업자들은 프랜차이즈 가맹본부의 선택 기준을 창업비와 눈에 잘 띄는 가맹점 몇 곳으로 둔다. 더 심각한 건 주변 사람들의 검증되지 않은 주관적인 의견에 따라 가맹본부를 선택하기도 한다는 것이다. 책임지지 못할 의견은 참고는 하되 섣불리 믿고 그것을 기준으로 판단해서는 안 된다.

스스로 선택할 수 있는 기준을 세우기 위해서는 많은 창업에 대한 많은 공부와 조사를 해야 한다. 창업자들이 불량 프랜차이즈를 구별할 수만 있어도 훨씬 안전한 창업이 가능하다. 그러나 대부분의 창업자들이 그만한 노력을 하지 않고 있다는 것이 우리나라 창업시장의 근본적인 문제라고 할 수 있다. 이렇게 글로만 읽으면 잘 이해가 되지 않겠지만 실제로 많은 이들이 이 심각성을 인지하지 못하고 무분별하게 창업을 하고 있다.

창업박람회에 참가한 업체들 중 많은 곳이 예비 창업자들의 그런 심리를 이용하여 현혹시키는 데만 초점을 맞춰 행사를 준비한다. 그 때문에 이러한 악순환의 고리가 끊이지 않는다. 예비 창업자들이 섣부른 판단으로 불량 프랜차이즈 가맹본부에 가입하고 손해 입는 것을 방지하고자 나는 불량 가맹본부를 선별하는 가장 중요한 기준 두 가지을 알리고자 한다.

좋은 아이템을 찾는 것도 중요하지만, 더 중요한 것은 불량 프랜차이즈를 선택하지 않는 것이다. 그렇다면, 어떤 프랜차이즈를 피해야 할까?

첫째, 가장 강조하고 싶은 것은 바로 '매장 수가 줄고 있는 프랜차이즈'다.

더 정확하게는 '매장 수가 뚜렷하게 감소세로 전환된 프랜차이즈는 상당한 위험을 가지고 있다'고 하겠다. 가맹본부 선택에 있어서 반드시 최근 3년간의 정보공개서를 보고 해당 프랜차이즈의 경영 실태를 파악해야 한다.

만일 알아보고 있던 프랜차이즈의 매장 수가 감소세를 보이고 있다면 매우 신중하게 선택해야 한다. 잘되는 프랜차이즈라면 결코 폐점이 많을 수 없다. 이는 소비자들에게 외면받았거나 브랜드 자체의 경쟁력이 상실되었을 확률이 높다는 걸 의미한다. 그런데 일부 예비 창업자들은 매장 수의 감소를 별로 중요하게 생각하지 않는 경우가 있다. 그들은 "매장이라는 것이 늘어날 때도 있고, 줄어들 때도 있는 거 아닌가?"라며 반문한다.

언뜻 틀린 말이 아닌 것처럼 들린다. 그래서 더욱 중요한 판단 기준이라고 말하고 싶다. 곰곰이 생각해 보자 프랜차이즈의 매장 수가 줄고 있다는 것이 무엇을 뜻하는 것일까? 이는 가맹점 신규 개설에 문제가 생겼다는 뜻이고 폐점에 대한 관리가 제대로 이루어지지 않고 있다는 것이다. 그리고 이것은 가맹본부의 수익 감소로 이어지기 마련이다. 즉 가맹본부가 위기 상황으로 치달을 가능성이 매우 높다고 판단되는 것이다.

가맹점 신규 개설에 문제가 생기면 프랜차이즈 가맹본부는 많은 부분에서 힘들어진다. 프랜차이즈 특성상 오픈 개설 수익이 줄고 가맹점 모집이 안 되면 상당한 불안감을 갖게 되기도 한다. 왜냐하면 프랜차이즈는 가맹점을 통해서 수익을 창출하는 비즈니스 모델이기 때문이다.

또한 폐점에 대한 관리에 문제가 생겼다는 것은 더욱 심각한 문제다. 폐점은 곧 사업 경쟁력에 문제가 있다는 이야기인데 가맹점의 폐쇄는 곧 시장의 축소를 의미하는 것으로 볼 수도 있다. 게다가 폐점이 늘어나는 것은 가맹점과의 소통에 문제가 있거나 가맹점이 전혀 수익을 내지 못하고 있기에 나타나는 현상이다.

장사가 잘되는데 폐업하는 경우는 권리금을 많이 받고 넘기는 경우 외에는 없다고 본다. 결국 폐점이 많으면 가맹점 신규 개설에 문제가 생기고, 폐점 관리에 실패하게 되니 자연스레 매장 수가 감소하는 것이다. 이는 곧 개설 수익의 감소로, 로열티 수입의 감소로 이어질 것이며 해당 프랜차이즈 가맹점의 폐점 속도가 점점 증가하여 급격하게 매장 수가 줄어드는 것이다. 그야말로 가맹본부는 풍전등화의 상황에 처하게 된다.

그렇다면 매장 수가 줄고 있다는 것을 창업자는 쉽게 확인할 수 있을까? 다행히도 프랜차이즈 가맹점 창업자를 위해 가맹사업법에서는 정보공개서 제도를 운영하고 있다. 가맹본부의 정보공개서만 제대로 확인하면, 매장이 줄고 있다는 것을 쉽게 알아볼 수 있는 것이다. (정보공개서를 보는 법에 대해서는 앞의 글 〈8. 정보공개서가 말해주는 창업 위험신호〉를 참고하자.) 때로는 일시적인 매장 감소의 경우도 얼마든지 있기 때문에 뚜렷한 매장 수의 감소세인지 꼼꼼히 확인해 볼 필요가 있다.

특히 백화점에 많이 입점하는 브랜드가 특정 백화점에서 재계약이 되지 않을 시 매장 한 곳이 아닌 입점된 모든 백화점에서 나와야 하기에 줄줄이 폐점이 되는데 이런 경우는 가맹본부의 위험과는 별개로 봐야 한다. 또한 폐점의 배경이 무엇인지 확인하고 가맹본부에 질문해야 하며 그에 대한 합리적 대책을 마련하고 있는지 등을 꼼꼼히 확인해 볼 필요가 있다. 예비 창업자의 꼼꼼함은 진상이 아니다. 더 안전한 창업을 만드는 당연한 권리이다.

둘째, 메뉴 개발에 집중하지 않는 기업을 피해야 한다.

옷가게에서 계절별로 신상이 나오고 히트 상품이 나와야 매출이 오르듯이 음식점 창업도 메뉴 하나가 전체 매출을 견인하고 이탈된 고객을 잡아오는 등 지속적으로 매장을 운영할 수 있는 기틀이 되기 때문에 메뉴 개발이 중요하다. 프랜차이즈 창업은 특히 그렇다.

50년 전통 가마솥국밥 같은 간판을 달고 2대째 이어오는 식당을 새롭게 여는 것이 아닌 이상 한 가지 메뉴로 오랫동안 장사하며 돈을 벌기는 어렵다. 이처럼 메뉴 개발이 중요한데 가맹본부에 메뉴를 개발하는 R&D 연구소까지는 없더라도 개발팀조차 갖추지 않은 기업과 가맹 계약을 한다는 건 멍청한 짓이다.

최근 핫도그 브랜드를 봐도 그 차이를 확실하게 알 수 있다. 시작은 비슷했지만 결국 한 개의 브랜드가 메인으로 치고 올라갔다. 성공 비결은 메뉴의 다양성과 품질이었다. 유행하는 아이템을 베끼고 창업자를 모집하는 미투 브랜드들은 결국 2년도 못 버티고 시장에서 조용히 사라진다. 그 브랜드를 창업하는 창업자는 실패하며 또 대한민국의 폐업률에 기여할 것이다

주위를 둘러보자. 성공하는 브랜드는 메뉴 개발에 투자를 많이 하고 새로운 메뉴가 적어도 분기에 한 번은 반드시 나온다. 광고 또한 메뉴 중심의 광고를 하지 가맹점 모집 광고를 하지 않는다. 잘되는 곳은 굳이 모집을 하지 않아도 창업자가 찾아오기 때문이다.

스타벅스, 베스킨라빈스, 본죽 등의 프랜차이즈를 예로 들면 경쟁사에 비해 상품이 다양하게 준비되어 있고, 끊임없이 메뉴 개발을 하고 있음을 알 수 있다. 그리고 새로운 메뉴를 중심으로 한 시즌 마케팅으로 소비자이 이탈하지 않게끔 한다. 재밌는 점은 소비자들이 딱히 신메뉴를 소비하지는 않는다는 것이다. 결국 신메뉴 출시를 통해 브랜드가 살아있고 성장하고 있음을 보여줌으로써 소비자들과 끊임없이 소통한다는 것이다. 이것이 가맹본부의 가장 큰 역할이기도 하다. 매장의 오픈만 신경 쓰고 메뉴 개발에 관심 없는 프랜차이즈는 꼭 피하길 바란다.

이 두 가지만 명심하고 철저하게 조사하면 절반은 성공했다고 본다. 외식 프랜차이즈 시장은 진입 장벽이 낮고 급변하는 산업이기에 앞서 언급한 두 가지 사항은 프랜차이즈 가맹 시에 반드시 검토해야 한다.

나는 회사 그만두고 내 가게로 출근한다

Open 2.

작은 사업에 최적화된
'초전략'이 필요하다

12.

가족은
최고의 조력자

창업을 준비하는 과정에서 감안하거나 결정해야 할 것들은 이루 말할
수 없이 많다. 더군다나 창업자의 입장에서 사소한 것들을 함께 챙기고
준비해줄 수 있는 파트너를 구하는 것은 생각만큼 간단한 일이 아니다.
많은 자영업자들이 '가족의 지원과 참여'를 창업 성공 요소 중 한 가지로
꼽는 이유다. 가장이 직장에 고용되어 있다가 창업을 계획하는 사람의 경
우, 창업의 목적이 가계 부양에 있는 케이스가 절대다수를 차지한다. 결국
은 부양해야 하는 가족이 창업의 목적이자 목표라고 보아도 무리가 없는
지점이다.

튀김전문점을 창업한 B씨는 생각지도 않은 부분에서 가족의 조력을
받아 시장에 안착한 케이스다. B씨가 다니던 직장의 상황이 좋지 않아지

자 이직이 아닌 창업 계획을 가족들에게 밝혔을 때, 가족들은 B씨를 이해하려고 하지 않았다. 그렇지만 다른 선택지가 없었던 B씨는 가게 자리를 찾아보고, 가게 콘셉트를 기획하고, 레시피를 개발하고, 식자재 유통업체와 협의하는 일 등을 모두 혼자 진행했다.

하지만 제한적인 상황에서 B씨가 혼자서 모든 일을 진행하는 것은 불가능에 가까웠다. 그 과정에서 B씨가 첫 번째로 떠올린 사람은 B씨의 삼촌이었다. 60세에 막 접어든 나이였지만 젊은 시절부터 20여 년 가까이 중식당을 운영해 본 경험이 있는 분이었다.

수년 전 운영하던 식당을 정리하고 은퇴 생활을 영위하고 있었지만, 가끔 만나면 입버릇처럼 "일을 하지 않으니까 더 늙는 것 같아. 뭐라도 좀 하고 싶은데"라고 말하던 것이 떠올랐다. B씨는 고민 끝에 삼촌에게 전화를 걸어 의견을 물었고, 돌아온 대답은 흔쾌한 수락이었다.

레시피를 만들어주는 일을 대행하는 업체를 통해서 받아본 튀김들의 품질이 좀처럼 마음에 들지 않았는데, 삼촌이 중식스타일로 즉석으로 튀겨낸 튀김은 당장 가게에서 팔아도 손색이 없을 정도였다. 그뿐만이 아니다. 세무사 사무소에서 기장 대리 업무를 몇 년간 경험했던 큰딸은 가게의 전반적인 세무와 회계업무를 맡아주었고, 나름대로 팬덤이 있는 SNS 계정을 운영하고 있던 작은아들은 가게의 홍보 역할을 자처했다.

특히 명절 때나 얼굴을 보던 5촌 당숙 어른은 이 사업의 키를 쥐고 있었다. 튀김 재료 중 가장 많은 비중을 차지하는 것은 오징어와 새우 등 해산물인데, 단순히 영세한 무역업을 영위하고 있는 것으로 알고 있던 당숙이 주로 취급하던 물품이 냉동 해산물이었던 것이다. 창업 3년차에 접어든 B씨는 지금은 주변 사람들에게 분점을 내주고, 나름대로 식자재 유통까지 하는 어엿한 사업주로 자리 잡았다. 홍보를 도와주던 작은아들은 창업 컨설턴트로 고용해서 함께 일하고 있고, 큰딸은 소규모이긴 하지만 초벌 튀김 생산 공장을 만들어서 하도급 업체로 납품 계약을 체결했다.

사업 과정에서 일정 부분 가족의 참여를 끌어내는 것이 도움이 되는 것은 분명하다. 하지만 그 과정에서 잡음을 최소화하는 것은 또 다른 차원의 이야기이기도 하다. 하지만 워낙 많은 변수가 있기에 정답이라고 할 만한 해법은 없다. 아울러 창업을 준비하는 과정에서 배우자나 친척, 또는 다른 가족의 참여를 끌어내고자 마음먹었다면 '즉흥적'으로 접근하지 않는 것이 중요하다.

13.

작은 장사를 한다고
시야까지 좁아지지 마라

작은 가게가 펼칠 수 있는 전략은 많지 않다. 어쩌면 그만큼 심플하다고도 할 수 있는데, 큰 회사나 대기업의 사업 방식과 반대로 사업 영역을 좁히면 된다. 결국은 '선택과 집중'을 해야 하는데, 이를 위해서는 집중할 수 없는 것들은 버릴 줄도 알아야 한다. 하지만 많은 창업자가 손에 쥐고 있는 것을 버리기 어려워한다. 설사 순간의 각오로 이를 실행한다고 해도, 지속하지 못하면 결심 이전의 상황으로 돌아가는 악순환이 계속된다. 대부분의 예비 창업자가 창업 초기에 마음먹었던 각오와 결심을 행동으로 옮기지 못한다. 세웠던 계획을 꾸준히 하는 사람은 손에 꼽을 정도다. 사실 행동을 하더라도 실행 초기부터 결과를 낼 수는 없다. 그 때문에 단순한 각오가 아닌, 근성과 사명감이 뒷받침되어야 한다.

일전에 서울 목동에서 창업을 준비하던 A씨의 사례를 이야기해보겠다. A씨는 나고 자란 동네가 목동이다 보니 언젠가는 꼭 목동에서 창업을 해보겠다는 막연한 각오를 가지고 있었다. 창업을 결심하고 회사를 그만둔 후, A씨의 일과는 상권 조사로 시작해서 가게 답사로 끝났다. 매일 아침 출근을 하는 직장인들의 동선을 따라다니고, 점심시간과 퇴근 시간대에는 인근에서 붐비는 식당을 답사하며 조사를 했다.

하지만 그는 정작 가장 근본적인 문제를 애써 외면하고 있었는데, 바로 창업에 필요한 자금 문제였다. A씨가 염두에 두고 있던 점포는 보증금과 권리금을 합쳐 약 2억 원 선에 시장에 나와 있었는데, 시설 투자비까지 더하면 총투자비가 3억 원은 훌쩍 넘어가는 상황이었다. 하지만 A씨가 손에 쥐고 있는 돈은 1억 5,000만 원 남짓. 대출을 받더라도 2억 원 정도가 한계인 상황이었다. 결국 나는 상담 과정에서 목동에 대한 미련을 버리라고 조언했다.

"지금 목동에 미련을 가지고 시장을 조사하는 것은 시간 낭비입니다. 현실적으로 창업을 할 수 있는 곳을 찾아야지요. 서울 외곽이나 경기도 일부 지역은 지금 한창 상권이 조성되고 있습니다. 그 때문에 강력한 경쟁자도 없고, 사업자들의 수준이 낮습니다. 이 시점에 그런 신규 상권에서 지금 목동 상권 조사에 들이는 노력을 하신다면 분명 해당 상권에서 성공하실 수 있을 겁니다."

결국 A씨는 경기도 서부의 공단지역으로 눈을 돌렸고, 차량 통행이 24

시간 이어지는 국도변에 점포를 잡아 식당을 창업했다. 결과는 놀라웠다. 실제로 목동에서 기대했던 매출보다 높은 매출을 낸 것이다. 최근 몇 년간 수도권의 상권은 놀라운 속도로 커지고 있다. 조금만 눈을 돌리면 서울 도심권 출점에 필요한 예산의 절반 수준으로 창업이 가능하면서도, 수익률은 더 높은 점포들을 진흙 속의 진주처럼 찾을 수 있다.

창업자 본인이 작은 장사를 한다고 해서 특정 지역에 매몰될 필요는 없다. 창업을 하겠다고 마음먹고 시장을 조사하는 눈이 트인 상태라면, 대상 지역을 보는 눈을 넓혀서 신규 상권을 답사할 것을 권하고 싶다. 어쩌면 특정 지역에 집중하고 있을 때는 보지 못했던 새로운 사업의 기회가 있을 수 있다.

14.

아이템보다
본사의 건전성을 먼저 따져라

2018년 발표된 공정거래위원회의 자료를 보면 프랜차이즈 가맹본부 10곳 중의 2곳은 완전 자본잠식 상태인 것으로 나타난다. 자기자본 비율은 기업의 총자산에서 자기자본이 차지하는 비중을 말하는데, 기업의 재무적인 건전성을 판단하는 가장 기초적인 지표다. 적자로 인해서 자기자본이 줄어드는 과정을 '자본잠식'이라고 하며, 적자의 누적으로 자본금이 바닥나는 상황을 완전 자본잠식이라고 표현한다.

통상 경영 일반에서 완전 자본잠식인 기업들은 재무적으로 불안정한 상태로 평가한다. 이 경우 기업이 도산하거나 사업을 중단하게 될 가능성이 높다고 볼 수 있다. 이런 평가지표는 예비 창업자가 프랜차이즈 브랜드를 선택하는 데도 적용할 수 있다. 실제로 식자재 유통업을 하다가 식당을 창업한 C씨는, 가맹본사의 건전성을 간과해 큰 손해를 본 케이스다.

C씨는 중견 물류회사와 거래하는 지입차량의 차주였다. 그 과정에서 삼겹살전문 프랜차이즈 가맹점에 주로 식자재를 납품하게 되었는데, 장기간 식자재 배송을 하는 과정에서 점차 가맹점이 증가하는 것을 몸으로 체감할 수 있었다. 이에 C씨는 '남들도 이렇게 장사를 쉽게 하는데, 나도 잘할 수 있지 않을까?'하는 막연한 기대감에 해당 브랜드를 창업하게 되었다.

창업 과정은 순조로웠다. 본인이 식자재를 납품하던 삼겹살집 점주들에게 사업성을 물었고, 실제 수익률을 듣고는 뒤도 돌아보지 않고 창업을 진행했다. 그런데 가게를 오픈하고 반년이 채 지나지 않은 시점에서 문제가 생겼다. 발주를 넣은 식자재가 매장에 오지 않은 것이다. 별 대수롭지 않게 생각한 C씨는 물류센터에 문의를 했고, "본사가 물류대금을 결재하지 않아, 여신거래를 할 수 없다"는 답변이 왔다. 주변에 같은 브랜드를 운영하고 있는 다른 점주들의 상황도 그와 크게 다르지 않았다. 그렇게 며칠간 장사를 망치는 상황에서도 가맹본사는 별다른 조치를 하지 않았고, 결국 담당 슈퍼바이저로부터 "가맹본사가 금융권 차입금을 제때 상환하지 못해서, 부도가 났다"는 소식을 전해 들었다.

대부분의 프랜차이즈 본사가 가맹사업 자체를 주된 수입원으로 삼고 있다. 가맹점포의 출점 개수나 식자재 물동량이 기업의 수익성과 직결된다는 의미다. 그로 인해 적지 않은 프랜차이즈 기업들이 무분별한 출점을 선택하게 되고, 이는 곧 기업의 건전성을 저해하는 악순환이 반복되고 있다. 가맹사업을 염두에 두고 있는 예비 창업자라면, 아이템뿐 아니라 해당 브랜드를 운영하는 가맹본사의 건전성을 꼭 점검해야 한다. 간접적으로는 해당 브랜드의 정보공개서를 통해 업황의 추세를 볼 수도 있고, 직접적으로는 해당 브랜드의 가맹점을 방문해서 점주와 직접적으로 이야기를 나눠보는 방법도 있다.

15.

최근에는 워낙 미디어와 SNS가 활성화되어 있다 보니, 긍정적인 뉴스만큼이나 부정적인 뉴스의 확산 속도도 빠르다. 때문에 창업을 준비하는 사람들은 본인이 처한 상황이 가장 어렵다고 생각할 수밖에 없게 된다.

언론사에서 문화부 기자로 근무하던 C씨는 경제, 유통 분야를 담당하는 동료 기자를 통해서 보고 들은 게 있기에 나름대로 프랜차이즈 가맹 사업에 대해 이해하고 있다고 생각했다. 기사화된 수많은 실패 사례들을 살펴보고, 취재를 명목으로 몇몇 프랜차이즈 회사의 실무자와 심층 상담을 나눠보기도 했기에 생각보다 어려운 분야가 아니라는 생각이 들었던 것이다.

그렇게 몇 달 정도 창업시장을 들여다보자 '나도 잘 할 수 있을 것 같은데?'하는 자신감이 든 C씨는 창업을 염두에 두고 여러 브랜드의 사업 설명회를 찾아다니기 시작했다. 수시로 이뤄지는 창업박람회 투어도 몇 차례 하고 나니 준전문가가 되었노라고 자평하게 되었다. 결국 C씨는 10년 가까이 다니던 언론사를 퇴사하고, 소자본으로 창업을 결심하게 되었다. C씨가 가장 먼저 한 일은 창업교육기관에서 주관하는 예비 창업자 교육이었다. 자영업자가 갖추어야 할 기초 지식과 상권 분석 요령, 기본적인 조리 교육 등을 이수하고 나니 그는 더욱 자신이 생겼다. 그는 당시 시장에서 한창 인기 가도를 달리던 '핫도그'를 창업 아이템으로 정하고, 브랜드를 물색하기 시작했다.

그해 겨울 서울 코엑스에서 열린 박람회장은 그야말로 소자본 창업 업종의 각축장이었다. 그 가운데 C씨가 받아든 박람회 브로슈어에 나와 있는 핫도그 브랜드는 두 군데가 있었다. 하나는 이미 시장에서 인기를 끌고 있는 A도그 브랜드였고, 또 다른 하나는 이를 벤치마킹해서 기획된 신생 업체인 B핫도그 브랜드였다.

두 개 브랜드의 상담을 받아보니 차이점은 명확했다. A브랜드는 검증된 시장성만큼이나 창업 비용 구조가 명확했다. 브랜드 영업담당자가 내민 안내서에는 가맹비와 교육비, 로열티, 인테리어 감리비, 홍보비 등 수많은 계정의 청구 금액이 표기되어 있었다. 장사를 시작하기도 전에 수천만 원의 투자금 내역을 받아들자 숨이 턱 막힌 C씨는 신생 브랜드의 상담도 받아보기로 했다.

B브랜드의 창업 비용 내역서는 그야말로 심플했다. 앞서 A브랜드가 안내했던 가맹비와 교육비를 위시한 5개 항목(가맹비, 교육비, 로열티, 감리비, 홍보비)의 청구 내역이 모두 '면제'라고 쓰여 있었다. 그는 핫도그라는 업종이 제품의 특성상 조리가 간단하고 크게 레시피가 어렵지 않아 브랜드 경쟁력 차이보다는 창업 조건이 중요하다고 판단했다. A브랜드와 B브랜드의 차이가 크지 않고, 맛과 콘셉트가 비슷하다고 판단한 C씨는 들뜬 마음으로 B업체와 가맹계약을 맺었다. 하지만 C씨는 오픈한 지 6개월이 지난 지금 폐업을 고려하고 있다. 그사이에 과연 어떤 일이 있었던 것일까?

가장 먼저 체감한 것은 극심한 경쟁 강도였다. 핫도그라는 메뉴 자체가 워낙 진입장벽이 낮은 업종이기에, C씨가 매장을 오픈한 시기와 맞물려 비슷한 브랜드들이 주변에 연이어 문을 열었다. 하나의 상권 안에서 한정된 수요를 나눠 먹기 하다 보니, 매출이 낮아지는 것은 불 보듯 뻔한 일이었다.

그 와중에 C씨의 속을 더욱 상하게 한 것은, 자신의 매장보다 더 좋지 않은 자리에 출점한 A핫도그 브랜드의 매출이 C씨의 매장보다 5배 이상 높게 나타나는 것이었다. 고만고만한 핫도그 가게들이 각축을 벌이는 와중에, 업계 대표 브랜드였던 A핫도그 매장은 그 경쟁 구도에 전혀 영향을 받지 않고 고객들에게 호응을 얻고 있었다. 이른바 '카테고리 1등 브랜드 효과'였다. 더욱 심각한 사실은 가맹본사에서 안내받은 수익률과 실제 수익률의 차이가 크다는 데 있었다. 매출이 기대보다 적더라도, 그 매출 안에서 적정 수익을 끌어낼 수 있다면 그나마 버티기라도 가능했을 텐데, 수익률 자체가 안내받은 것보다 크게 낮다 보니 장사를 할 당위성 자체가 무너져버린 것이다.

B핫도그 본사에 전화를 걸어 수익률에 대해 따진 C씨는 담당자로부터 황망한 이야기를 들었다. "사장님. 우리가 안내해드린 원가는 우리 회사에서 공급하는 필수 CK품목이 차지하는 원가이고요. 사장님이 말씀하시는 원가는 사장님이 동네에서 사시는 밀가루나 포장 재료 같은 걸 다 포함한 가격이세요. 저희는 잘못 안내한 것이 없습니다." 가맹본사의 구매 경쟁력도 차이가 났다. 가맹점이 많을수록 본사가 물건을 대량으로 구매할 수 있기에, 경쟁력 있는 원가로 매장에 납품을 할 수 있다는 간단한 시장 논리를 무시한 결과였다.

C씨는 가맹본사에 "점주가 손해를 보면서 장사를 하고 있는데, 본사의 식자재 마진이라도 줄여서 고통을 분담해줘야 하는 것 아니냐"며 따졌지만, 돌아오는 대답은 본사도 출점 과정에서 대부분의 비용을 면제했으니, 운영수익을 위해 식자재 가격을 인하할 수 없다는 것이었다. 그는 그 전화를 끊고 나서 주저앉을 수밖에 없었다. '이럴 수가. 결국 기준이 다르구나. 내가 보고 싶은 것만 보고 결론을 냈었구나.'

속상한 마음에 습관처럼 A핫도그 가게를 염탐하던 C씨는 유독 슈퍼바이저가 매장을 자주 방문하고 있다는 점을 알아챘다. 결국 가맹사업은 교육사업이자 관리사업이다. 정기적으로 신메뉴를 런칭하고, 다양한 프로모션을 시행하는 A핫도그 가게를 바라볼 때마다 C씨가 가슴을 치며 후회한 것은 당연한 결과라고 할 수 있다. 눈앞에 놓인 이른바 '5무 창업비용 안내서'에 취해 정말 중요한 부분을 보지 못했다.

그렇게 울며 겨자 먹기로 반년가량 운영하다 보니 건강은 건강대로 상하고, 금전적인 손해도 눈덩이처럼 불어났다. 그저 브랜드 간판만 달고 식자재만 받아서 쓰는 격이니 개인이 장사를 하는 것과 별반 다를 것이 없었다. 결국 초기 창업비 중 1,000만 원 남짓한 비용을 아끼려다가 수천만 원의 손해를 보고 장사를 접게 된 케이스다. 이 사례에서 예비 창업자가 꼭 유의하고 챙겨야 할 3가지를 정리하면 다음과 같다.

첫째. 창업비가 저렴하다고 착한 기업은 아니다.

둘째. 단순히 창업을 도와주는 업체가 아닌 창업 후 관리와 시스템이 탄탄한 기업을 선택해야 한다.

셋째. 외식은 유행에 민감하다. 뜨는 아이템일수록 더 경계하고 들여다보라.

16.

가장 달콤한 유혹
"로열티 면제해 드립니다"

최근 박람회를 위시한 창업시장에서 자주 눈에 띄는 광고 문구가 있다. "가맹비, 로열티 100% 면제(혹은 할인)해 드립니다."

앞에서 말했던 5무 정책에 포함되는 것으로 적은 비용을 들여 창업하려는 창업자들이 혹할 만한 문구다. 특히 가맹사업을 처음 경험해 보는 초보 창업자들은 이 문구가 얼마나 많은 의미를 내포하고 있는지 의식하지 못하는 경우가 많다. 기본적으로 가맹본사는 기업이고, 기업의 정의는 단순하다. '이윤의 획득을 목적으로 운용하는 자본의 조직 단위.' 그렇다면 가맹비와 로열티를 면제하는 가맹본사는 어떻게 기업으로서 영속성을 가질 수 있을까?

본사의 슈퍼바이저는 매달 가맹점을 방문해 운영 컨설팅을 하면서 비용을 사용하고, 본사 임직원들은 급여를 가지고 간다. 이 돈은 모두 어디에서 나올까? 조금만 생각해보면 아주 단순한 이야기다. 가맹점주가 의식하지 못하는 영역에서 수익을 내고 있는 것이다. 가맹본사 입장에서 가장 손쉬운 수익원은 가맹점 초기 개설수익이다. 점포를 하나 개설할 때, 가장 많이 비용이 들어가는 곳은 인테리어 공사, 조리시설 설비, 그리고 가구와 간판 순이다.

대부분의 가맹본사는 특정 협력업체를 통해 인테리어 공사를 진행한다. 예비 창업자가 직접 공사라도 하려고 하면 이런저런 이유와 사고사례를 들어 본사에서 공사를 주도하도록 적극적으로 유도한다. 줄줄이 따라들어가는 조리시설과 가구, 간판은 더 말할 것도 없다. 세상에 공짜가 없듯이, 기본적으로 본사도 돈줄이 있어야 가맹본사를 운영할 수 있는 법이다.

식자재의 경우도 본사가 가맹점주의 눈에 띄지 않게 비용을 덧입힐 수 있는 부분이다. 물론 식자재를 매장까지 납품하기 위해서는 비용이 소요된다. 원물을 매입하는 과정에서부터 소분을 하고, 전처리를 하고 배송을 하는 과정에서 비용이 들어간다. 여기에 적정한 기업 마진이 붙는 것은 누구나 인지하고 있는 영역이다. 하지만 마진율을 높이기 위해서 보편적인 상도의의 영역을 아슬아슬하게 넘나드는 경우가 제법 있다. 이를테면 원물의 퀄리티를 떨어뜨리거나 중간 매입 업체를 만들어 유통 과정을 복잡하게 만드는 방식 등이 있다.

기업은 이익을 내기 위해 소비자가 떠올릴 수 있는 방식 이상의 것들을 늘 고민하는 집단이다. 이 영역이 합리적이고 건강한 거래 조건의 영역 아래 있을 때 소비자(가맹점주)는 가맹본부를 신뢰할 수 있다.

이제는 무료라는 말 속에 숨은 함정이 있음을 알게 되었을 것이다. '로열티 면제해 드립니다'와 같은 홍보문구를 보고 '저 브랜드는 어떤 영역에서 가맹점주가 의식하지 못하는 이익을 내고 있을까?'하고 고민할 수 있는 예비 창업자가 많아질 때 한국의 프랜차이즈 시장은 더 건강해질 것이다.

17.

믿기로 했다면
온전히 맡겨라

예비 창업자들이 가장 많은 공을 들이는 과정이 바로 점포 선정이다. 어떤 상권, 어떤 입지에 출점하는 것이 가장 좋은 선택인지 고민하는 것은 어쩌면 창업의 성패를 가리는 가장 큰 판단이 될 수도 있다. 어떤 이들은 이를 단순히 운이라고도 하고 또 어떤 이들은 충분한 조사를 통해서 성공 요인을 정량화할 수 있다고도 한다. 하지만 출점 사례를 살펴보면 '조금만 더 객관화해서 판단했더라면 어땠을까?'하는 아쉬움이 드는 케이스들이 있다.

예비 창업자 B씨는 직장을 퇴사하고, 주꾸미요리전문점을 출점하기 위해 직접 점포를 찾기 시작했다. 가맹본사가 상담 과정에서 추천한 점포는 오래된 주거상권의 끄트머리에 있는 곳이었는데, 건물도 지나치게 노후해

보였고 무엇보다 눈에 보이는 인구 유동이 많지 않았다.

결국 B씨는 본인이 근무하던 회사가 있던 도심의 신축건물 2층을 선택했다. 오피스상권의 한가운데에 위치해 있고 매장 임대료도 같은 크기의 1층 점포보다 40%가량 저렴했다. 무엇보다 신축건물이기에 환경이 쾌적했고, 권리금이 없다는 것도 매력적인 요소였다.

가맹본사는 난색을 표했다. 같은 입지라도 1층과 2층의 매출이 얼마나 크게 차이가 나는지에 대한 자료들과 고객을 대상으로 한 2층 매장 방문에 대한 설문조사 등 다양한 조사 자료와 지표들을 제시하며 처음 가맹본사에서 보여준 점포에서 출점하는 것이 더 낫다는 것을 피력했지만 이미 B씨의 마음은 본인이 선택한 점포 쪽으로 기울고 있었다. 인근에 있는 전 직장 동료들도 A씨의 판단에 힘을 실어주었다. 결국 B씨는 도심의 2층에 출점을 했고, 오픈 후 며칠간은 기대 이상의 매출을 올리며 본인의 판단이 정확했노라고 생각했다. 하지만 이 판단이 잘못된 것이라는 것을 인지하는 데는 그리 오래 걸리지 않았다. 어느 시점을 기점으로 주중 저녁시간 매출과 주말 매출이 터무니없이 적게 나오기 시작한 것이다.

인근 직장인들의 소비 패턴을 간과한 것이 문제였다. 이른바 칼퇴근을 하는 것이 일상이 된 젊은 직장인들은 오후 6시만 되면 썰물처럼 상권을 이탈했다. 주말 이틀간은 더 말할 것도 없었다. 두 달가량 영업하고 나서, 매출이 일어난 패턴을 되짚어봤더니 주말에는 거의 매출이 발생하지 않았다. 임대료는 에누리 없이 한 달 치를 지출했지만, 실제로는 약 20일 만 장사를 한 셈이었다. 주말에는 출근한 직원들이 거의 놀다시피 하는 상황이 발생했고, 어떤 날에는 직원들이 손님보다 많은 경우도 있었다.

발등에 불이 떨어진 B씨는 가맹본사에 대책 마련을 요구했지만, 이미 출점 전에 해당 입지의 위험성에 대해 수차례 안내를 했던 가맹본사 담당자는 달리 손쓸 도리가 없다는 이야기만 했다. 울화통이 터지는 상황은 여기에서 끝나지 않았다. 최초에 가맹본사가 B씨에게 출점을 제안했던 주거상권 점포가 대박이 난 것이다. 사업설명회에서 옆 테이블에 앉아 함께 상담을 받았던 C씨가 그곳에 출점한 것인데, 오픈 후 두어 달간 휴무일을 가지지 못할 정도로 성황이라는 소식이었다.

주중 점심 시간대에는 주변 관공서와 학원가에서 근무하는 사람들이 매출을 견인하고, 저녁 시간대에는 배후 주택가로 퇴근하는 주민들이 들러서 식사하는 패턴을 보이고 있었다. 주말은 점심시간이 되기 전부터 가족 단위의 손님들이 가게 앞 길가에 아무렇게나 주차를 하고 들어와 식사했다. A씨는 곰곰이 가맹본사에서 브리핑했던 내용을 반추해 보았다. 첫 번째는 도심에 출점하려면 상권이 성숙한 곳에 출점하라는 이야기였다. 메인 외식 상권은 '그곳에 가면 식사를 할 수 있다'는 인식이 주변인들에게 인지되어 있기 때문에 신규 브랜드가 출점하더라도 고객 관점에서 선택지의 하나로 충분히 인식될 수 있다는 논리였다. 하지만 A씨는 경쟁이 심할 것 같다는 단편적인 생각으로 메인 상권에서 한 블록 떨어진 곳의 2층 대형점포를 선택했다.

매장 크기가 지나치게 큰 것도 잘못된 판단이었다. 가맹본사 담당자는 30평대의 매장에서 네 명 안팎의 직원을 두고 운영할 것을 권했다. 아울러 빠르게 2회전을 일으킬 수 있는 오퍼레이션도 함께 제시했다. 하지만 A씨는 점심시간에 쏟아져 나오는 직장인들을 잡기 위해서는 많은 좌석을 확보하는 것이 최우선이라고 생각했고, 이는 물리적으로 더 많은 인건비와 고정비용을 일으키는 원흉이 되었다.

뒤늦게 가맹본사에서 이런저런 지원책을 끌어냈지만, 결국 A씨는 오픈 후 약 1년가량 적자를 기록하다가 가게를 청산했다. 가맹본사의 성장은 가맹점주의 업황과 그 궤를 같이한다. 기본적으로 일정 기간 이상으로 가맹사업을 영위해 온 본사는 초보 창업자보다 출점 가치를 판단할 수 있는 케이스 스터디가 더 되어 있을 수밖에 없다. 초보 창업자는 가맹본사에 수많은 질문을 해야 한다. 또 그에 대한 합당한 근거를 요구해야 한다. 그리고 근거가 합리적이라는 판단이 들면 상호 신뢰를 전제로 출점 과정을 짚어야 할 것이다.

18.

창업의 변곡점에서
빛을 발하는 '초심과 안목'

장사에 실패했던 자영업자와 예비 창업자의 사례를 들며 창업에 있어
서의 주의점이나 문제점 등을 알아보았다. 여기서는 반대로 성공한 자영
업자의 이야기를 하고자 한다. 대구에서 가재전문점을 하고 있는 C사장
의 이야기이다.

C사장은 유명 대학을 졸업해 IT회사에서 10여 년간 근무하다가 퇴
직하였다. 그 후 시작한 사업이 가재요리전문점이다. 첫 창업치고는 굉장
히 무겁고 규모가 큰 사업이지만 워낙 디테일에 강하고 준비가 철저한 성
격이며 음주가무는 모르고 일만 하는, 흔히 말하는 워커홀릭인 C사장은
자신감을 가지고 과감히 진행했다. 이 사업은 객단가가 10여 년 전에도
4~10만 원 사이에 형성된 고가의 사업이기에 쉽게 할 수 있는 사업도 아

니고 노하우를 어디서 쉽게 배울 수 있는 것도 아니기에 그로서는 결국 프랜차이즈를 선택할 수밖에 없었다. C사장은 당시에 한국에서 72번째 가재요리전문점 프랜차이즈 가맹점을 오픈했다. 그러나 오픈 후의 결과는 참담했다. 하루에 매출이 0원이었던 적도 있었다. 그 큰 매장에서 부부가 함께 눈물을 흘리며 괴로워했다.

그렇지만 지쳐 쓰러지지는 않았다. 힘들수록 더 메뉴와 서비스에 최선을 다했고 호텔 서비스를 도입하여 종업원을 교육, 서비스 수준을 높이고 직원들의 멘트 하나하나도 직접 보정했다. 또한 대구 최초로 케이블TV에 광고를 했으며, 블로그를 통해서도 적극적으로 홍보했다. 노력의 결과, 매출이 점점 올라 첫 달에 1,200만 원의 매출을 올렸고, 그 후로 월마다 2배 이상씩 매출을 올렸다. 시대가 바뀜에 따라 키워드 광고로 바꾸고, 서비스 수준은 더 올렸으며, 본인은 사장임에도 불구하고 주차장에 나가 고객 발레파킹부터 각종 서비스를 하는 등 자신이 할 수 있는 최선을 다했다. 현재 월매출은 약 5억 원이라고 한다. 종업원 수는 아르바이트생을 포함해 30여 명이다. 자영업의 수준을 넘어 중소기업에 가깝게 운영이 되고 있다.

C사장은 상벌이 철저해서 직원들의 근태에 대한 처벌이 엄격했으며 3번의 기회를 주고 변화가 없는 직원은 한두 달 치의 급여를 더 주고 퇴사를 시켰다. 또한 서비스가 좋고 우수한 성과를 보이는 직원에게는 상을 주어 사기를 진작시켰다. 연말에는 전 직원에게 보너스를 주고 여행을 함께

가며 직원들과 호흡했고, 남들이 보기에는 제법 부를 쌓았음에도 사치를 부리지 않았다. 그는 '직원들이 행복한 매장을 만들고 싶다'는 보기 드문 경영마인드를 가지고 있었다.

퇴직 후 매장을 열었던 초기에는 프랜차이즈 72개의 가맹점 중에서 72등을 하던 가맹점이 현재는 1등을 하고 있다. 하나 아쉬운 점이 있다면 17년 전에 있던 가재요리전문 프랜차이즈 가맹본부가 사라졌다는 것이다. C사장에게 가맹사업을 해보라는 주위의 무수한 제안이 있었지만 본인은 그런 그릇이 못 된다며 매장 운영에만 집중했다.

한눈팔지 않고 외길만 갔던 것이다. 옳은 판단이다. 최근에 대박집 사장님들이 섣불리 프랜차이즈 사업에 손을 댔다가 망하는 모습을 너무 많이 봤다. 조금 과장하면 일주일에 2곳은 망했다는 소식을 듣는다. 가맹본부가 망하는 것보다도 그로 인해 가맹점이 피해 보는 게 더욱더 안타깝다. 모 연예인이 운영하는 라멘 프랜차이즈 가맹점을 보라. 연예인이 대표이기에 처음에는 인지도를 이용해 승승장구했지만, 그가 물의를 일으키자 대표 리스크로 인해 가맹점의 매출은 한순간에 곤두박질쳤지 않은가.

그렇게 17년간 지역 맛집을 넘어 외식업 강자로 승승장구하던 그에게 문제가 생겼다. 경기 불황으로 인해 높은 단가의 가재요리에 가장 먼저 타격이 온 것과 주위에 대박집으로 소문 난 경쟁 업체들의 대거 진입, 그리고 건물주의 갑질….

결국 C사장은 자리를 이전하기로 결심했지만 한 가지 사실을 깨닫고

절망에 빠진다. 다른 곳에서 현재의 아이템으로 장사를 할 수 있는 입지를 찾는 것은 사업을 새로 시작하는 것과 동일하기 때문이다. 17년간 지켜온 단골은 모두 사라지고 다시 처음부터 단골을 만들어야 한다. 그러나 30대처럼 일할 수 있는 체력과 열정은 사라졌고, 트렌드를 읽고 즉시 실행하는 센스와 실행력 또한 무뎌졌다.

그는 전문가의 도움을 받아야겠다는 생각에 나를 찾아왔는데, 대화를 나눠보니 과거의 성공이 그에게 독이 되고 있었다. 매우 큰 성공을 했었기에 변화를 인정하는 게 쉽지 않았던 것이다. 이는 C사장뿐만이 아니다. 과거에 성공을 거뒀던 경험이 있는 사람은 이전에 성공을 이끌어온 방법을 고수하게 된다. 이 고정관념을 바꾸는 게 창업 컨설턴트에게 있어 가장 어려운 일이다.

그에게 최근 외식 시장의 경기와 트렌드에 대한 여러 가지 사례를 들어가며 설명했고, 인건비 상승에 따른 운영에 대한 변화, 젊은 고객의 유입, 즉 신규고객 유입의 중요성에 대해 설명했다. 17년 동안 그의 가게를 이용했던 고객은 그만큼 나이 들어가고 있기에 새로운 고객을 잡지 않으면 구멍 난 배처럼 점점 가라앉을 것이라고 조언했다.

그리고 몇 가지 질문을 해보았는데 C사장은 가재요리전문점을 제외한 다른 외식업의 변화에 대해서는 정말 초보였다. 그렇다. 우물 안 개구리였던 것이다. 가재요리전문점에서는 최고였지만 다른 업종에 대해서도 가재요리전문점과 똑같이 생각하고 있었다. 그러나 아이템의 특성에 따라 운영방식도 달라진다. 가재요리전문점은 코스 요리이기에 서비스를 호텔 수준으로 했지만 일반 한식업에서도 동일하게 서비스를 하면 고객이 부담스러워한다는 것, 모든 업종마다 운영이 다르다는 것을 설명했다. 그리고 이것을 인정해야 다른 업종을 하더라도 잘 할 수 있다는 말을 덧붙였다.

다행히 C사장님은 성공했던 경험이 있음에도 초심을 잃지 않고 있었다. 매우 존경스러운 부분이다. 하지만 초심만큼이나 중요한 안목이 없기에 현재와 같은 어려움이 생긴 거라는 조언과 함께 이연에프엔씨 정보연 대표의 "100년 장사의 기본은 초심과 안목이 있어야 한다"는 경영철학에 대해 이야기했더니 크게 공감하였다. 이 말은 외식업뿐만이 아니라 모든 일에 적용할 수 있는 인생에서 가장 중요한 메시지가 아닐까 한다.

19.

직원과 소통해야
앞길이 뻥 뚫린다

통계청의 기업 생멸 행정통계에 따르면 대한민국에서 식당이 생존할 확률은 17.9%다. 회사를 퇴직하거나 취직이 안 되면 제일 먼저 떠올리는 게 외식업 창업이다. 그러나 외식업은 다른 자영업과 달리 엄청난 경쟁 구조이면서 노동이 세고 트렌드에 소비자가 굉장히 민감하며, 상권 영향을 많이 받는 업이다 보니 전문가라 하는 사람들도 창업했다가 접는 경우가 허다하다. 나 또한 10년 전에 부업으로 창업 전선에 뛰어들어 두 차례 쓴맛을 봤고, 2017년에도 분식 프랜차이즈를 2개 점을 창업해서 운영을 못 해 쓴맛을 봤다. 창업 강의 시 매번 하는 소리지만 화살이 두 개이면 실패는 당연하다고 본다.

그런데도 우리는 왜 계속 외식 창업 문을 두드리는 걸까? TV 방송만

틀면 나오는 먹방이나 맛집 소개 프로에 비치는 대박집이 보이고 또한 진입 장벽이 낮고 대한민국 프랜차이즈 중 대부분이 외식 프랜차이즈이기 때문이며, 가족 생업이 가능하고 장사가 잘되는 게 눈에 보이기 때문이다. 창업 시장은 교수들이 말하는 것처럼 과학의 논리가 지배하는 곳이 아니다. 정부 통계청이 발표하는 업종별, 브랜드별 폐업률과 생존율 등의 데이터가 다 맞는 것도 아니며, 창업 시장은 계속 진화하고 성장해 가고 있기 때문에 과거의 데이터만으로는 분석할 수 없다.

창업을 시작해서 망하는 사람들의 사례를 하나 들어보려고 한다. 대기업의 상무 직책을 가졌던 임원 출신의 이야기이다. K씨는 퇴직 후 창업을 고려하고 있었다. 그러나 그는 경영지원실에서만 근무하던 이력을 가진 사람으로 단 한 번도 현장에서 어려운 일을 해보지 않은 사람이었다. K씨는 퇴직금 2억 원으로 커피숍 창업을 고민했지만 언론 기사와 뉴스 등을 찾아보니 경쟁이 치열하고 수익률이 떨어진다고 판단하여 커피숍 창업을 포기했다. 그래서 상가를 먼저 정한 다음 아이템을 정하기로 했다.

좋은 입지는 당연히 유동 인구가 많은 역세권 대로변이라는 생각에 30평 정도의 점포를 알아보다가 현실에 부딪히게 되었다. 보통 역세권 메인 대로변의 권리금은 15평 기준으로 1억에서 3억 사이의 시세를 형성하고 있기에 자금 부족으로 인해 권리금이 비싼 대로변 가게는 포기했다. K씨는 국내 명문대를 졸업한 후 국내 굴지의 대기업에서 25년간 직장생활을 하였고 그곳에서 인정받으며 안정적인 연봉을 받던 사람이었다. 주변에 한눈을 판 적도 없어서 외식 창업 시장에 대해서도 잘 알지 못했다. 그가 할 수 있는 건 틈날 때마다 외식 창업 업체의 사이트에 들어가 분석하거나 관련 도서를 읽고 뉴스를 보는 것이 전부였다.

프랜차이즈 사업설명회에도 많이 가고 상담도 여러 번 받았지만 다들 비슷한 말에 비슷한 조건을 들이밀며 자기 업체가 좋다고 떠들어댔다고 한다. 그러다가 나를 만나게 되었는데 난 절대 회사와 브랜드 이야기를 먼저 하지 않았다. 의뢰인의 창업 동기와 니즈를 파악하고 나서 업계에 대한 이야기를 해주고 주의사항과 필요한 사항만 이야기하고, 의뢰인이 가진 그동안 궁금했던 여러 가지 것들을 질문하면 나는 성심성의껏 정직하게 대답을 해주는 식이었다.

K씨는 자기가 좋아하는 일이 아닌 할 수 있는 일을 해야 하는 상황이었다. 퇴직금과 그동안 모아두었던 자금을 대충 계산하니 4억 원 남짓 됐다. 하지만 혹시나 하는 부분도 있어서 2억은 보험으로 빼둔 상태라고 한다. 2억 원의 자금으로 외식 창업을 하려고 생각하니 유동 인구가 많은 대로변 가게는 권리금만 2억 원이라 포기해야 했기에, 우선 나는 이면도로(생활도로) 근처 20평 규모의 매장을 택해 수익구조가 높고 안정적인 입지를 찾아 조사에 들어갔다. 조사를 3개월 정도 진행하다 보니 아무런 결과도 내지 못하고 현실의 벽에 부딪힌 그가 너무나 큰 실망감에 자책하기에 다시 만나 차근차근 이야기를 나눠보았다.

이는 당연한 결과다. 눈높이는 올라가 있는데 본인이 융통할 수 있는 자금에는 한계가 있고, 하고 싶은 업종까지 정해져 있으니 어려운 것이다. 나는 이럴수록 스스로 지금껏 조사한 내용을 토대로 더 면밀히 기획해야 한다고 조언해 주었다. 그가 염두에 두었던 업종은 치킨집과 카페였으나 경쟁 업체가 너무 많아 자신이 없었고, 빵집과 아이스크림가게는 투자비가 많이 들어 아예 검토 대상에서 제외했다. 당시에 핫한 아이템이었던 삼겹살, 차돌박이 등의 한식당은 조리할 자신도 없을뿐더러 대기업 임원까지 한 본인의 모양새에 어울리지 않는다고 생각한 것이다.

결국 운영방식이 간편하고, 가맹본부의 지원시스템이 합리적이라는 ○○설렁탕을 창업하기로 결정한다. 그는 유행을 안 타고, 육수 및 김치/깍두기 납품으로 주방도 간소화되어 있고, 인건비 상승에 따른 부분도 최소화할 수 있으며, 가맹비는 비싸지만 그만큼 운영에 대한 지원이 많고, 매월 정기적 교육을 통해 가맹점과 본사의 만남도 있어 안심이 되었다고 한다. 본사가 직영하는 매장도 가보고 물류 공장, 연구·개발R&D 연구소, 그리고 본사까지 방문하였고, 20평 규모의 가맹점 매장도 두루 찾아가 봤다. 무엇보다 어느 가맹점을 가도 ○○설렁탕 점주님들의 경우 권유를 하는 곳은 있어도 욕을 하는 점주가 없어서 더 안심이 됐다고 한다.

그렇다. 직접 수많은 브랜드를 경험하고 조사하고 인터뷰해야 한다. 하다 보면 결론이 나오지 않아 지칠 때가 있겠지만 그래도 의기소침하여 포기하면 안 된다. 그래야 정말 내게 맞는 창업을 할 수가 있다. 브랜드가 결정되었으니 조사가 된 사항을 가지고 입지 분석만 잘하면 된다. 나는 그에게 ○○설렁탕 제일 운영이 잘되는 상위 30% 가맹점의 공통점을 찾고 그와 비슷한 입지를 가진 점포를 찾으라고 조언했다.

K씨는 가는 가맹점마다 영업이 잘됐고 운영체계도 안정적이라 안심이 됐다. 홈페이지와 창업설명회 자료에 나와 있듯 식자재비는 37%이며 운영 이익이 20%라 월평균 매출이 4,000만 원에 순이익이 800만 원이 예상된다는 설명을 들을 때엔 당장 계약을 하고 싶은 생각이 들 정도였다. 무엇보다 매력적인 건 본사와 연계된 은행에서 최대 1억 원 저금리 대출을 알선해주고 있다는 점이었다.

그렇게 K씨는 ○○설렁탕 가맹본부와 계약을 하고 유동 인구는 좀 적지만 오피스가 많은 이면도로 골목에 40평 규모의 점포를 열었다. 본사에서 5주간 진행되는 조리 교육도 받고 본사에서 추천한 주방장을 채용했으며, 초기 인건비를 아끼기 위해 주방과 홀은 본인이 직접 뛰면서 최소한의 아르바이트생을 고용해 운영하기로 했다. 오픈 2주를 앞두고 자신감이 생긴 K씨는 직장 선·후배와 동료, 친척들에게까지 오픈 소식을 알렸다. 전단도 10만 장을 세 번에 걸쳐 주위에 모두 배포하였고 오픈 당일엔 매장 앞에 홍보 도우미도 배치했다. 만반의 준비를 끝냈으니 이제 손님만 맞이하면 된다는 생각이 들었다.

오픈 시간이 되자 주변 직장인들이 몰려들었다. 2주 전부터 돌린 매장 오픈 소식을 듣고 지인들도 방문하다 보니 40여 좌석이 순식간에 만석이 되었다. 이렇게 행복한 순간이 계속될 것이라고 생각했지만, 그 기대가 무너지는 건 채 한 달이 걸리지 않았다. 철저한 준비를 했지만 첫인상이 좋지 않아 흔히 말하는 단골이 없었던 것이다.

문제는 종업원과의 스킨십과 소통의 부재였다. 임원 생활을 오래 하다 보니 종업원에게 지시만 했지 함께하고 소통하지 못했고, 결국 일주일도 안 되서 종업원 두 명이 그만두었다. 주방은 혼비백산했고 이는 고스란히 품질과 서비스의 저하로 이어져 다시는 안 오겠다는 고객들이 생기고 말았다. 창업 준비와 과정은 매우 잘했으나 K씨는 결국 제일 중요하다고 할 수 있는 함께 일하는 종업원 즉, 업장 가족들과 소통을 하지 못해서 쓴맛을 봐야 했다.

스타벅스의 CEO 하워드 슐츠^{Howard Schultz}는 이런 말을 했다. "회사의 최우선은 직원들이고 그다음이 고객이다." 이 말은 직원이 행복하면 고객에게 더 좋은 서비스를 제공한다는 논리이다. 이 시대에 가장 필요한 경영 철학이라고 생각한다. K씨도 종업원이 말하는 불만과 건의를 그냥 넘기지 않고 그들과 함께하면서 공감하고 해결책을 찾으려 했다면 현재 이런 어려움을 당하지는 않았을 것이다.

실제로 정말 운영이 잘되는 가맹점은 점주와 종업원이 서로 가족처럼 작은 것도 함께 나누고 공감하는 분위기였으며, 무엇보다 점주가 주방이나 홀의 구분 없이 함께 일을 하고 있다는 공통점을 가지고 있었다. 그것은 솔선수범한다는 것이고, 종업원만큼 일한다는 증거이다. 그리고 직원들의 삶에 공감한다는 의미이다. 그는 대기업 출신답게 조사와 준비는 잘

했지만, 회사를 운영하는 것과 외식 업장을 운영하는 것은 본질적으로 다르다는 것을 몰랐다. 고객에게 음식는 파는 자 또한 사람이라는 걸 잊지 말아야 한다.

결국 K씨가 자금을 털어 창업한 외식업 가게는 망하고 말았다. 그는 매장 운영이 서툴렀고, 이로 인해 가게에 대한 악소문이 퍼져 손님이 뚝 끊긴 것이다. 오픈 당일에는 메뉴를 한정해 주문을 받아야 하는데 운영을 해본 경험이 없어 전 메뉴를 받다 보니 주방장 혼자서 조리를 해내지 못했다. 도와줘야 할 K씨는 1주일 교육을 받고 나서 뭐든지 해낼 수 있다는 자신감이 생겼었는데 막상 현장에서 요리를 하려고 하니 아무것도 할 수 없게 되었다. 삽시간에 매장은 아수라장이 되었고 "다시는 이 집에 오지 않는다"며 손님들이 욕을 하며 나갔다.

본사에서 소개해 채용한 주방장도 보름 만에 나가버리고, 오픈 6개월까지는 본사에서 책임지겠다던 출점 담당 팀장은 본사와 용역 계약한 영업사원일 뿐이었다. 인력 안정이 안 되니 맛이 들쭉날쭉해졌고 악소문이 돌자 가게는 채 한 달이 가기도 전에 손님이 뚝 끊겼다. 25%라던 식자재비는 45%가 넘어설 만큼 본사의 물류이익은 과다해 수익 자체가 나지 않았다. 또 오픈 초기에 본사 운영팀에서 요구해 1,000만 원 이상 구매한 식자재는 재고로 남아 전부 빚이 되었다.

출점 담당 팀장이 자신을 안심시키기 위해 계획적으로 안내하던 매장만 방문한 것이 후회됐다. 본인이 무작위로 가맹점을 방문해 운영에 대한 본사의 지원, 책임감, 운영 경쟁력, 재료비 비중, 순이익 등 운영 전반에 대해 체크를 해야 했다. 운영 안정이 안 된 개업 초기엔 홍보도 하지 말아야 한다는 기본 사항조차도 몰랐다.

초도 식자재는 예상 매출액의 5%를 초과해 주문해서는 안 된다는 점, 무엇보다 점주 자신이 전 메뉴를 자신 있게 조리해 낼 때까진 오픈을 미뤄야 한다는 점 등은 K씨가 6개월 만에 폐업하고 깨달은 식당 운영의 중요한 요소였다. 나에게 편한 길은 남에게도 편하다는 사실은 퇴직 후 시작한 첫 사업이 남긴 교훈이었다. 두 번째 창업을 준비하고 있는 그는 성공 스토리보다 폐업 시나리오를 먼저 써 보는 것을 통해 냉정하고 객관적으로 창업에 대해 살펴 문제점을 해결해 나가려 하고 있다.

20.

용의 꼬리가 될 것인가, 뱀의 머리가 될 것인가

프랜차이즈 창업 컨설팅을 10년 이상 하다 보면 개인마다 노하우란 게 쌓이고 공식이 아닌 공식이 생기기 마련이다. 그러나 앞서도 말했듯이 경험은 많은 도움이 되지만 때론 독이 될 수도 있다. 가끔 전문성을 기르고자 유명 대학의 교수와 부동산전문가를 통해 상권 분석에 대한 교육을 받아 보면 정말 현장과 괴리감이 느껴지는 말만 늘어놓기 일쑤다.

내가 가장 두려워하는 건 선입견이 생겨서 시장을 본인이 아는 만큼만 경험한 만큼만 보는 편협한 시각을 갖게 되는 것이다. 이러한 이유 때문에 끊임없이 공부하고 많은 경험을 통해 사례를 접하려고 하고 있다. 그래야 제대로 컨설팅을 할 수 있기 때문이다. 일반적인 제조업이나 유통업에 종사하는 사람들 중 엔지니어나 생산직들같이 기술과 경험으로 근무하는 직종이라면 정석대로 배우고 기술과 경험을 쌓기 위해 노력하면 되겠지만 아쉽게도 창업/상권 분석 분야에는 변수가 너무나 많기 때문에 이론과 경험만 있어서는 안 된다.

대기업에서 명예퇴직을 하여 받은 퇴직금과 그동안 투자하고 모아두었던 자금으로 제2의 인생을 준비하는 G씨는 창업에 대한 두려움이 많았다. 그는 새로운 도전에 대한 두려움이 많아서, 새로운 시장을 개척하기보다 이미 형성된 상권에 권리금을 많이 주더라도 안정적인 창업을 하고자 했다. G씨는 대기업 본부장 출신에 엘리트 코스를 밟은 인재로, 창업에 관한 공부도 게을리하지 않았다. 그는 나름 창업에 대한 교육도 많이 받고 관련 도서를 읽으며 독학으로 상권 분석도 배워 나갔다. 그렇게 본인이 배운 대로 유명상권, 먹자라인, 사거리 코너에 위치한 점포를 찾았다. 가게 앞을 지나는 유동 인구도 많았고, 상권 내 배후 인구와 인접한 집객 시설이 우수한 곳이었다. 가시성 또한 아주 뛰어난 매장이었기에 권리금을 많이 주고 창업을 했다.

그렇게 1년 뒤, G씨에게 연락이 왔다. "소장님 괜찮으시면 제가 하는 매장의 컨설팅을 해주시면 좋겠습니다. 분명 A급 입지임에도 불구하고 매출이 오르지 않습니다. 가능하다면 다른 사람에게 매장을 양도하고 싶은데 방법이 없겠습니까?"라는 것이었다. 우선 차분히 어떤 사정이 있었는지 이야기를 듣고 나서 전화를 끊었다. 그리고 다음 날 점심시간에 매장을 찾아갔다. 우선 잘될 수 있는 방법을 찾기 전에 장사가 안되는 원인을 찾아야 처방을 할 수 있기에 현장을 둘러보았다. 직접 매장을 둘러보니 문제점이 한두 가지가 아니었다.

해당 상권의 가장 큰 문제는 경쟁 강도가 높다는 것이다. 경쟁사가 직·간접을 포함해서 무려 100곳 가까이 존재하는 상권이었고, 유명 브랜드도 30% 이상 포진되어 있었다. 이것은 즉, 어지간해서는 고객의 흥미를 끌어낼 수 없다는 것이다. 정말 맛이 뛰어나거나, 매장 콘셉트가 경쟁사 대비 2배 이상 좋거나, 가성비가 좋다거나 하는 등의 특별한 장점이 있어야 매출이 오를 수 있는 상황이었다.

그다음으로 큰 문제는 메뉴였다. 내가 볼 때 식사와 술을 겸비하는 상권이라지만 고깃집, 횟집, 포차, 펍, 치맥 호프 같은 업종이 즐비한 이 상권에 부대찌개가 메뉴로 들어가 있었다. 생각해보자 내가 살고 있는 동네와 근무하는 회사에서 늘 먹던 메뉴 그리고 인지도는 있지만 이미 많이 먹어 봤던 그 부대찌개를 내가 지인들과 만나 즐기러 온 이 유흥상권에 와서까지 먹고 싶을까? 아니나 다를까 이 매장은 낮에는 손님이 조금은 있었지만 밤에는 정말 파리가 날릴 정도로 한산했다.

그 상권을 찾아온 고객들은 대부분 부대찌개에 소주를 마시는 것을 선호하지 않았다. 업종이 해당 상권에 적합하지 않다는 것이다. 쉽게 말해 밥집은 결국 밥집이란 것이다. 백화점의 캐주얼브랜드가 있는 층의 중간에 정장 매장이 있다면 정말 뜬금없을 것이다. 오히려 캐주얼 액세서리나 모자 전문점이 있다면 시너지가 날 것이다. 유흥상권에서도 밥장사가 되는 업종이 있다. 하지만 그 업종은 술을 먹고 나서 해장을 하기 위해 2차로 가기 좋은 해장국집과 감자탕집, 그리고 순대국집 정도만 잘되고 있다는 게 함정이다. 이러한 시장 사정을 잘 모른 채 다른 메뉴의 밥장사를 했다가는 큰코다치게 된다.

마지막 문제점은 사거리 코너 초입이라는 것이다. 고객들은 심리적으로 유사 업종이 몰려 있는 먹자라인이나, 음식거리에서 과연 첫 번째 코너 매장이 입지가 좋다고 들어갈까? 내 오랜 경험과 조사를 통해 얻은 결론이 하나 있다. '고객은 절대 초입에서 머무르지 않는다'는 것이다. 나는 그동안 수많은 창업 강의에서 이 말을 해왔다. 이는 '더 들어가면 좋은 곳이 있겠지'라는 기대심리 즉, 더 보고 싶고 더 좋은 곳으로 가고 싶어 하는 본능적인 움직임이다. 예로 춘천 닭갈비거리, 속초 대포항의 횟집 등을 보더라도 알 수 있다. 과연 당신은 코너의 첫 번째 집에 들어간 기억이 있는가? 아니라면 그 이유가 무엇인지 곰곰이 생각해보라.

이런 몇 가지 이유를 G씨에게 설명했더니 고개를 떨구고 후회하며 "내가 너무 겉만 보고, 책과 강의에서 듣던 것만이 정답이라고 생각했던 것 같습니다"라고 말했다. 그렇다. 상권 분석은 업종에 따라 다르고, 상황에 따라 다르며, 상권에 따라 좋은 점포가 될 수도, 최악의 점포가 될 수도 있다. 결국 해당 상권에 맞는 업종으로 변경하기를 권했다. 자금이 많이 들지 않고 현재의 콘셉트를 이용해 바꿀 수 있으면서 저녁 상권이 중심이 되는 가성비가 좋은 업종을 선택하기로 하고 미팅을 마치게 되었다. 나는 이런 상권을 '용의 꼬리 상권'이라고 말한다. 겉으로 보기에는 그럴싸 해보이지만 실속이 없는 곳이다.

용의 꼬리 상권이 있듯이 반대로 '뱀의 머리 상권'이 있다. 뱀의 머리 상권의 사례를 하나 들고자 한다. 개인적으로 나는 항아리상권(고객이 현 상권에 머물러 이동하지 않고 소비하는 상권)에서 머리가 되는, 즉 최고 매장이 되는 자리를 좋아한다. 이유는 A급 상권이 아니라서 임대료가 저렴하고, 경쟁 강도가 낮아서 품질과 서비스에 집중할 수 있다. 다만 이 상권은 매출에 한계가 있다는 단점이 있다. 하지만 그만큼 안정적이며 주거지 인근이라 인력 수급 및 운영에 용이하고, 단골 장사가 가능해서 운영주의 영업력에 따라 입지가 좀 불리해도 매출을 올릴 수 있다는 장점이 있다. 가끔 A급 상권만을 권하는 프랜차이즈 가맹본사가 있는데, 이런 곳은 점주를 위해서 A급 상권을 권하는 게 아니라 본사 이미지만 생각하고 있는 것 같아 안타까운 마음이 든다.

서울을 기준으로 예를 들면 송파구 문정동과 가락동 중간에 낀 상권을 대표적인 '뱀의 머리 상권'이라 칭할 수 있다. 주거밀집상권이고, 유동인구도 특정 시간대에만 발생하는 곳이며 오피스 자원도 근처 은행과 작은 병원이 고작이다. 하지만 아파트 밀집 지역이라서 주거민을 대상으로 업종을 고른다면 충분히 승산이 있다고 보인다. 해당 상권에 창업을 희망하는 B씨는 40대 초반으로 중소기업에 근무하는 사람이었다. 그는 현 매장 건물주의 아들로 임차료가 나가지 않는 상황이었고, 2층이 현재 공실인데 1년째 들어오는 임차인이 없자 더 이상 공실로 두고 볼 수 없어서 창업을 결심했다고 한다.

처음 의뢰를 받고 상권 분석을 하러 현장에 나가서 봤을 때는 부적합하다는 생각이 들었다. 1층에 매장을 내도 힘들 상황에 아무리 전면과 가시성이 좋다고는 하지만 2층이기에 접근성이 1층에 비해 60%가 채 안 되고, 유동 인구도 적기 때문이다. 게다가 주위에 집객 시설도 없는, 말 그대로 한산한 느낌이 드는 곳이었다. 하지만 B씨의 창업에 대한 결심은 변하지 않았고 좀 더 자세히 분석해달라는 요청에 이틀 동안 동료 직원과 시장 조사를 진행했다.

그런데 계속해서 상권 주변을 돌아다니며 조사를 해보니 희망이 보이기 시작했다. 우선 주변에서 식사를 하려고 식당을 찾고 있었는데 매운 낙지볶음집 외에는 음식점이 없었다. 이 많은 사람이 사는 곳임에도 음식점이 절대적으로 부족했고, 그 매장 또한 어린 자녀를 둔 가정에서는 오기 어려운 곳이었다. 이러한 점을 봤을 때 가족을 대상으로 하는 음식점이 들어오면 승산이 있겠다는 생각이 들었다. 그리고 스타벅스가 있었는데 사람이 워낙 많아 주문하는 데만 10여 분이 걸릴 정도고 앉을 자리도 없었다. 살펴보니 대부분이 이 동네에 사는 주부들이 담소를 나누고 있었다. 이유가 무엇인지 궁금해서 밖으로 나와 다시 주변을 살펴보니 건물마다 학원들이 많다는 걸 알게 되었다. 그렇다. 자녀들이 학원에 가 있는 동안에 카페에서 시간을 보내는 학부모들이었던 것이다.

이 동네는 밥집보다 카페를 하면 잘되겠다는 생각을 하며 동료와 의견을 나누던 중 다른 카페를 하나 발견했다. 스타벅스 인근에 차린 나름 콘셉트 있는 소형 저가 커피전문점이었다. 하지만 그곳엔 파리가 날리고 있었다. 스타벅스와 비교하면 50%나 저렴한 가격임에도 불구하고 말이다. 커피를 마시는 고객은 단순 가격이 저렴하다고 가는 게 아니기 때문이었다. 단순히 커피만을 마시기 위해 가기보다는 어떠한 목적을 가지고 가는 고객이 70% 이상이다. 이야기하는 공간, 미팅을 하는 공간, 책을 읽는 공간이 필요한 것이고, 공간의 가치를 높게 보기 때문에 가격이 비싸더라도 이용한다는 것이다.

오피스상권에서는 식사하고 나서 마실 수 있는 저렴한 가격의 커피가 매력적으로 다가온다지만, 주거밀집상권은 또 다른 환경을 가지고 있다 보니 시장 조사 자체를 다른 시각으로 해야 한다. 조사 과정에서 현 상권은 가격 저항이 없다는 걸 알게 되었다. 즉 인지도 있는 브랜드에 고객 편리성을 고려하고 모든 연령층이 두루두루 이용할 수 있는 업종을 고르면 현 상권에서 승산이 있다고 판단했다. 또한 주변에 유명 프랜차이즈 등의 음식점도 없어서 경쟁 강도가 약했고, 입지적으로 봤을 때 들어올 만한 점포 또한 없었다. 결국 매장이 성공한다면 오랫동안 동네 최강자로 군림할 것이라는 생각이 들었다.

예상 매출은 안정적으로 월 2,400만 원을 제안하고, 육수당이라는 서울식 국밥 전문점으로 창업을 했다. 배달이 가능해야 하고, 시설도 좋아야 하며, 놀이방 역시 필수로 있어야 했다. 그리고 아이들이 국밥을 싫어하니 메뉴가 다양하게 준비되어 있는 육수당이 현재로써는 최선이라고 판단했다.

현재 매출은 내가 제안한 매출의 두 배가 되어 있다. 솔직히 상상도 못했다. 예상 매출보다 높게 나오면 좋은 것이지만, 산출했던 예상 매출과 많은 차이가 나는 것에 전문가로서 사실 당황스럽고 부끄러운 마음이다. 통상적으로 오차 범위가 20% 안에 들어오는 법인데, 의외의 결과에 또 하나의 케이스를 배우게 되었던 사례이다.

기대했던 대로 그 상권에서 최고의 매장이 되었다. 앞으로 운영만 잘한다면 오랫동안 최고의 자리를 지킬 것이라고 믿어 의심치 않는다. 이런 상권을 '뱀의 머리'라고 한다. 이제 창업을 준비하는 예비 창업자들은 용의 꼬리가 될 것인지, 뱀의 머리가 될 것인지 부디 현명한 판단을 한 후 창업하기를 권한다.

21.

생각의 전환으로
틈새시장을 찾아라!

자동차 동호회 사람들과 모임을 하는 와중에 신입회원과 명함을 교환하며 인사를 나누었다.

"어떤 일을 하세요?"

"고객이 신차를 출고했을 때, 검수를 대행하는 일을 하고 있습니다."

짧은 대답을 듣자마자 '아차!' 싶었다.

지금은 자동차 등록 대수 2,500만 대 시대이다. 집마다 두 대에 가까운 자동차를 운용하는 만큼 수많은 소비자가 한 번쯤은 고민했을 일을 대행해주는 서비스였다. 신차를 인수하는 과정에서 소비자가 가장 먼저 하는 일이 검수를 통한 '클레임 요소 체크'이다. 페인트가 살짝 찍힌 부분이 있다거나, 플라스틱 파츠에 스크래치가 있다거나, 트렁크에 단차가 있는 등 다양한 불만 사항을 대신 확인해주는 것이다. 거금을 들여서 자동차를 구매한 소비자의 입장에서는 당연히 이런 문제들을 그냥 넘길 수 없다. 하지만 이런 일방향의 서비스는 그 평판을 오랫동안 유지하기 어렵다. 자동차를 납품하는 대리점에서 좋지 않은 감정으로 검수업체를 대할 수 있기 때문이다.

실제로 이 '검수 대행업체'가 제공하는 서비스를 자세히 살펴보니, 소소한 코스메틱 이슈는 정식 클레임으로 접수시키지 않고 있었다. 대신 부속으로 운영하고 있는 '카케어샵'에서 간단한 시공을 통해 보수하고, 자동차 대리점에 일정 비용을 청구하는 식으로 운영하고 있었다. 결국 소비자와 공급자 '모두가 윈윈win-win 하는' 서비스인 셈이다.

이 업체는 신차 검수 서비스가 자리 잡자 중고차 거래 서비스에도 진출하기 시작했다. 소비자는 신차를 가장 선호하지만 중고차 거래도 상당히 많다. 이 과정에서 전제되는 필수 조건이 '상태가 좋은 중고차'의 판별인데, 이 업체에서 중고차의 검수를 대신해주는 것이다. 이 같은 일은 계속적으로 거래 양자 간의 불평을 듣고 뒤처리를 해주어야 하기 때문에 누구에게도 달갑지 않은 일이다. 대기업이라면 더더욱 그렇다. 대기업은 이런 작은 서비스업에 시간과 비용을 투자하기보다는 생산성과 부가가치가 높은 사업에 더 비중을 할애하고 있다. 신차 검수 1회에 20만 원을 받는 클레임 처리 대행업은 이런 틈새시장을 노린 사업이다.

같은 모임 자리에 있던 카센터 사장에게 이 이야기를 했더니 빙긋 웃으며 "재미있는 아이템이네요"하고는 큰 관심을 보이지 않았다. 그런 반응도 당연한 것이, 1급 자동차 공업사의 차량 입고당 평균 수리 단가는 가장 작은 단위가 100만 원대다. 검수하는 데 투입되는 인원과 시간보다 생산성이 높은 일을 하는 것이다.

이와 같은 예는 외식 시장에서도 찾을 수 있다. 가장 단적인 예로 국밥집을 들 수 있다. 그 가운데에서도 뼈나 고기를 장시간 끓여서 육수를 내는 곰탕이나 설렁탕집, 재료의 수급과 전처리를 대규모로 규격화하기 어려운 횟집, 일식집들이 그 범주에 들 수 있다. 이처럼 규모가 꽤 큰 사업자가 효율의 문제로 뛰어들지 않고 있는 일을 자세히 살펴보면, 작은 가게가 성공할 가능성이 높은 시장을 찾을 수 있다.

22.

좋은 가맹본부를 선별하는
가장 쉬운 방법

　　좋은 프랜차이즈 가맹본부를 선별하는 방법은 아주 간단하다. 몇 가지 질문을 해보면 좋은 곳인지 나쁜 곳인지 알 수 있다. 창업자 A씨와의 상담 사례를 예로 들어보겠다. 경기도 수원에서 창업 준비를 하는 A씨는 초보 창업자이지만 준비를 오랫동안 해왔다. 미팅했던 흔적들이 메모지에 적혀 있고, 가방에 살짝 보이는 많은 프랜차이즈 창업 브로슈어들과 두서없는 질문이 아닌 나름의 기준을 가지고 준비한 질문을 통해 그 노력이 얼마나 큰지 알 수 있었다. 이렇게 준비를 오래했기에 난 더 편하게 컨설팅을 해줄 수 있다고 생각했지만 그의 이야기를 30분쯤 들어보니 잘못된 기준을 가지고 본사를 고르고 있음을 알게 되었다.

　　질문의 유형은 이러했다. 창업비, 교육 기간, 인테리어 자체 시공의 가능 여부, 본인이 가져온 후보지에 대한 예상 매출이었다. 가장 기본적인 질문들이었지만 A씨가 질문의 의도를 잘못 이해하고 있다는 데 문제가 있었다.

창업비는 창업자에게 소중한 돈이지만 수억을 투자하는 입장에서 가맹비 100~500만 원 정도의 차이는 재정에 크게 영향을 주지 않는다. 그런데 그는 마치 가맹본부가 마진을 많이 취한다는 입장을 취하며 마치 가맹본부가 물건을 팔듯 가맹점을 판다는 태도로 흥정하듯이 비용을 비교하는 질문을 해왔다. 더 놀라운 건 비용을 깎기 위한 질문일 뿐 왜 그러한 비용이 책정되었는지에 대한 질문은 빠진 알맹이 없는 질문이었다는 점이다. 우선 가맹비가 비싼 이유와 그에 따른 본사의 콘텐츠 제공과 지원 등에 대해 먼저 물어봐야 하는데 이 부분은 어느 곳이나 다 같을 것이라는 선입견에 빠져 있었다.

이런 고객은 창업하면 백발백중 잘못된 선택을 한다. 창업박람회만 가더라도 가맹비가 면제인 브랜드가 매우 많다. 그뿐 아니라 5무정책으로 교육비, 로얄티 등을 전부 면제해주는, 그저 가맹점 오픈만이 목적인 곳과 제공할 시스템과 가맹본사 차원에서의 관리가 없는 곳이 태반이다. 얼마나 해줄 수 있는 게 없으면 공짜라는 말로 창업자를 현혹하겠는가. 하지만 공짜라는 말 속에 숨은 단점을 보지 못하는 이들이 많다. 그래서 난 고객과 상담 시에 박람회 등에서 가맹비 면제를 경쟁력으로 내세운 브랜드를 더 경계하라고 예비 창업자에게 꼭 주지시킨다.

프랜차이즈를 알아볼 때 제일 중요한 질문이 예상 매출에 대한 것인데 A씨의 질문은 너무 단순했다. A씨는 "소장님, 저 자리는 매출이 얼마나 나올 것이라고 보시나요?"라고 질문했다. 그래서 난 이렇게 대답했다. "고객님, 정확한 건 더 조사가 필요합니다. 주변 경쟁사 매출 중 카드 매출이 4,000만 원이라고 나오니 그것을 참고하되 여러 환경적인 부분을 고려해서 예상 매출을 산출해야 할 것 같습니다."

이 말에 A씨가 "먼저 상담을 받았던 브랜드 담당자들은 와서 보더니 5,000만 원 이상 매출이 나온다고 하던데요. 소장님은 업계 최고 전문가라고 하시던데 딱 보면 모르시나요?"라고 질문해 와서 나는 어안이 벙벙해졌다. 물론 예비 창업자 입장에서 이런 질문이 잘못된 것은 아니다. 그러나 예상 매출은 객관적인 데이터와 시장 조사를 통해 얻어내는 예측일 뿐 결과를 확신할 수는 없다. 경험이 있다고 해서, 그 분야에 대한 지식이 많다고 해서 정확한 예상 매출을 산출할 수 있는 건 아니다. 오히려 선입견으로 인해 더 못 맞추는 경우도 태반인 게 이 업계 현실이다.

중이 제 머리 못 깎는다고, 막상 상권 분석 전문가라고 업계에서 인정받고 있는 나 또한 내가 투자한 매장의 매출이 낮아 폐점한 경우도 있었다. 경험과 지식이 많다고 무조건 성공할 수 있다면 나도 지금쯤 매장을 10개 이상 운영하는 사업가가 됐을 것이다. 이 부분은 질문의 방식을 조금 달리해야 한다고 생각한다. 이렇게 질문을 바꿔보자. "이 후보지의 예상 매출을 산출하는 근거와 방법은 무엇인가요? 담당자님께서 제시하신 예상 매출에 대한 객관적인 데이터와 근거를 알고 싶습니다." 이렇게 질문하면 출점을 담당하는 직원의 대부분은 제대로 답을 하지 못하고 빙빙 말을 돌리거나, 주관적인 이야기 또는 근거 없는 이야기로 당신을 설득하려 할 것이다.

가장 무서운 말 중 하나가 "내가 경험한 바로는…"이라는 말이다. 경험이 때론 독이 된다. 경험의 데이터는 참고만 하고 시기와 환경 변화에 맞춰 현장 조사를 해야 한다는 것을 명심해야 한다. 이런 중요한 결정에 있어서 본인이 듣고 싶은 말만 해줄 질문만 할 뿐, 본질에 대해 묻지 않는 A씨를 보며 조심스레 한마디를 건넸다.

"고객님의 질문을 잘 들었습니다. 고객님께서는 현상에 대한 질문은 했지만 정작 중요한 팩트와 본질에 대해서는 묻지 않으셨습니다. 현상에 기준을 두고 가맹본부를 비교한다면 자칫 잘못된 결정을 내릴 수 있습니다. 우선 질문의 본질을 정리해서 바꿔보시면 좋을 것 같아요. 예를 들어 쉽게 말씀드리겠습니다. 지금 사장님께서 임의로 아주 안 좋은 점포를 정한 다음 프랜차이즈 가맹본부 10군데에 전화를 해서 현 자리에 대한 출점 가능 여부를 물어보세요. 특히 최근 유행하는 신생 브랜드 위주로요. 그럼 대부분의 업체에서 출점 가능하다고 할 겁니다. 그 업체는 절대 가맹 계약을 하지 않으시겠죠? 또한 교육도 내가 사정이 있어서 며칠 받고 나머지 기간에는 직원이 대신 교육을 받게 해달라고 물어보세요. 대부분 협의 가능하다고 할 겁니다. 이런 곳은 절대 고객을 위한 가맹본부가 아님니다. 그런 업체를 걸러내십시오."

이 말을 들은 A씨는 크게 놀라더니 상담 시작 때와 달리 내게 호감을 표시하더니 다음 미팅 때 아내를 데리고 오겠다며 이렇게 말했다. "나보다 제 아내가 더 선입견이 많아요. 보이는 부분을 더 중요시하는 경향이 있어요. 소장님께서 다시 한번 시간을 내주시면 정말 감사하겠습니다."

아주 기본적인 이야기를 했을 뿐인데 배울 만큼 배우고 사회 경험도 많은 A씨가 느낀 바가 큰 것 같았다. 그만큼 창업시장이 생소하고 어렵다는 걸 새삼 느끼게 된 자리였다. 나 또한 더 신념을 가지고 창업자에게 도움이 되는 창업 컨설턴트가 되어야겠다는 다짐을 하는 시간이었다.

다시 정리하면 현상에 대한 질문 그리고 잘못된 기준의 질문으로 가맹본부를 선택하는 무모한 선택은 하지 않아야 한다. 좋은 프랜차이즈 가맹점을 고르는 가장 쉬운 방법은 본질에 객관적인 의견을 제시하는 곳을 선택하는 것이다. 대한민국 프랜차이즈 가맹본부의 출점 기준과 운영에 따라 예비 창업자들의 인생이 좌우될 수 있다고 생각한다. 부디 가맹본부가 한 사람의 인생이 걸렸다는 마음으로 책임감을 가지고 올바르고 안전한 창업 컨설팅을 하기를 바란다.

나는 회사 그만두고 내 가게로 출근한다

Open 3.

매출을 상승시키는
현명한 선택들

23.

'가성비' 만능의 법칙은 깨졌다

　최근 저가 커피를 선호하는 K씨를 만나 저가 커피에 대한 의견을 들었던 경험이 있다. 지갑 사정이 빠듯해 커피값이라도 아끼려고 저가 브랜드를 자주 찾는다는 K씨는 웬만한 저가 커피 브랜드들이 모두 가격을 올려서, 작년에 비해 1,000원 이상은 더 줘야 이용할 수 있다고 했다. 그래도 대형 커피전문점보다는 가격이 저렴한데, 아무래도 저가의 기준이 달라졌다고 봐야 할 것 같다는 의견이다.

　초저가를 내세운 커피 프랜차이즈 브랜드들이 올해 들어 잇따라 가격을 인상하면서 이제 '초저가 커피'는 실종 상태다. '착한 가격' 콘셉트에 맞춰 가격 인상을 안 하던 업체들도 최근 정부의 정책에 따른 인건비·임대료·원재료 상승의 '3중고' 부담으로 결국 남는 게 없고, 심지어는 언론에서 말하는 것처럼 알바보다 더 수입이 적은 사장으로 전락해버려서 어쩔 수없이 초심을 버리고 가격을 조정하는 본부의 정책에 따른 것이다. 이젠 이 시장에서 1,000원대 커피 메뉴를 찾아보기 힘든 상황에서 소비자들의 기준이 달라졌다.

이런 상황에 이득을 보는 사람은 누굴까? 커피 업계를 이끌었던 메이저 업체들은 품질의 경쟁력과 브랜드 선호도가 있고, 메뉴의 경쟁력을 갖추었기에 소비자가 다시 돌아오게 된다. 경기는 침체 되고 물가는 상승하는 이 시국에 커피값 500~1,000원은 시장 경제 구조상 맞지 않는 상태이다. 그에 따라 메이저 브랜드도 저가 커피의 가격 인상을 기다렸다는 듯이 가격을 500원 정도 올렸지만 소비자는 당연하다는 반응이다.

실제로 업계의 조사에 따르면 저가 커피의 대명사인 E사 커피전문점을 시작으로 올해 비슷한 규모의 저가/소형 커피전문점 등이 가격을 인상했다. 저가 커피 브랜드 중에서도 가장 싼 가격으로 사랑을 받는 C사는 2019년 1월 1일부터 커피 관련 메뉴를 500원씩 인상했다. 관계자는 "최저임금 및 원부재료 비용, 원가 상승 등 제반 비용이 증가해 부득이하게 음료 가격을 조정하게 됐다"며 "더 나은 서비스와 품질을 지속해서 제공하겠다"고 설명했다.

너무 뻔한 흐름이다. 이러한 흐름은 커피 브랜드뿐 아니라 외식업계에서 항상 나오는 루틴이다. 자, 한번 살펴보자. 무한 리필 전문점 ○○○삼겹살, ○○고기 등은 단돈 1만 원이라는 저렴한 가격을 내세워 소비자의 줄을 세운다. 더 깊게 말하면 10대의 학생들마저 오게 할 수 있는 매력적인 가격이 소비자층을 확대했다는 것이다.

내가 아는 업계 후배는 성남에서 ○○○삼겹살 2개 점을 운영했는데 실제 고객의 70%는 10대였다고 한다. 특히나 생일파티, 시험 기간, 방학 때는 번호표를 끊고 줄 세우기를 할 정도였다. 박리다매 방식이라서 수익률은 높지는 않지만 어느 정도 만족하며 운영했다고 한다. 하지만 인근 경쟁사가 한두 군데 오픈을 하자 한정된 고객은 새롭게 서비스가 개장된 매장으로 일부 빠져나가고, 박리다매 방식의 시스템은 악화하여 운영자의 수익이 임대료 걱정하는 수준으로 떨어졌다. 그러다가 가맹점 매출 하락으로 타격을 받은 본부는 단가를 인상해서 급한 불을 끄지만, 가격이 오르자 고객이 품질 좋은 고기를 제공하는 곳으로 다시 되돌아가는 구조이다.

결국 품질 좋은 고기를 제공하는 메이저 고깃집은 잠시 힘들었지만 다시 돌아온 소비자를 맞이하며 자연스럽게 시장경제 논리에 따라 약간의 가격을 인상하고 품질을 높인다. 이러한 구조가 이제 커피 시장까지 왔다. 앞으로의 커피 시장을 주목해보자. 외식업체 업계 관계자는 "커피뿐만이 아니라 저가를 콘셉트로 내세웠던 외식 프랜차이즈 브랜드들은 물론 개인 가게 역시 일제히 가격을 올리고 있다"며 "저가 콘셉트의 브랜드가 사라져 간다고 하기보다는 저가의 기준이 달라지고 있다고 보는 게 맞을 거 같다"고 전했다.

하지만 나는 소비자들의 기준이 달라진 게 아니라 경기 침체를 타깃으로 시장에 잠시 나와 본사의 이익을 챙기고 시장 가격을 엉망으로 만드는 프랜차이즈가 문제라고 본다. 결국 피해는 고스란히 가맹점에 돌아가고, 부푼 기대를 꿈꾸는 가맹점주는 인생의 큰 실패를 겪게 된다. 눈에 보이는 게 전부가 아니다. 특히나 저가에 줄 세우는 업종일수록 더 미래지향적으로 생각해야 한다고 본다.

24.

내 입에 맛있으면 고객 입에도
맛있을 것이라는 착각

 L씨는 서울에서 직장생활을 하던 남편을 따라 지방 소도시로 내려오게 됐다. 나름대로 동네에서 맛집으로 알려져 있던 작은 식당을 급하게 정리한 것이 못내 아쉬웠지만, 그렇다고 식당을 떠 매고 내려갈 수도 없는 노릇이었다.

 다행스럽게도 이사한 동네는 적응이 수월한 곳이었다. 같은 아파트의 위아래 층에 남편의 직장 동료들이 살고 있었고, 외지 사람에게도 눈에 띄는 텃세를 부리는 주민들도 없었다. 그렇게 6개월 정도 지나자 다시금 식당을 창업해봐야겠다는 생각이 들었다. 하지만 마땅한 식자재 거래상도 확보하지 못한 상태에서 개인 식당을 연다는 것은 모험처럼 느껴졌다.

 결국 L씨는 서울에서 유명한 곰탕 프랜차이즈 브랜드를 창업해보기로 마음먹었다. 대형 프랜차이즈 브랜드이다 보니, 준비 과정에서 따로 신경

쓸 것도 많지 않았다. 식자재는 8할이 반가공된 형태로 매일매일 물류차를 통해 입고되는 방식이었고, 계절마다 본사에서 정해주는 루틴대로 마케팅을 진행하면 집객에도 무리가 없을 것 같았다.

문제는 '맛'이었다. 프랜차이즈 본사에서 조리교육을 받을 때부터, L씨는 곰탕의 맛이 마음에 들지 않았다. 서울에서 해당 곰탕집에 고객으로 방문했을 때도, 테이블 위에 비치된 조미료를 십분 활용해 자신의 입맛에 맞게 조미를 해서 먹었던 터였다. 결국 L씨는 본사 몰래 레시피를 조금 변경하기로 마음먹었다. 육수의 간도 조금 더 세게 하고, 본사에서 제공하는 밑반찬 외에도 본인이 곰탕을 먹을 때 자주 곁들여 먹는 오징어 젓갈을 추가해서 손님상에 내놓기로 했다.

그렇게 두 달 남짓한 기간 동안 오픈 준비를 마치고, 가게를 열었다. 오픈 첫날부터 가게는 문전성시였다. 그간 변변한 프랜차이즈 식당을 경험해 보지 못했던 동네 주민들은 '서울에서 유명한 맛집'이라는 타이틀 하나만으로도 가게를 찾아주었고, 그렇게 몇 주간은 '장사가 잘되는 것처럼' 보였다. 오픈 2주 차에 매장 운영 점검을 나온 프랜차이즈 본사 슈퍼바이저는 "음식의 간도, 추가로 내놓는 반찬도 모두 매뉴얼을 준수하라"는 진단과 함께 경고장을 발부했다. 하지만 L씨는 나름대로 음식 맛과 서비스에 자신이 있었기에 이를 무시하고, 그간 해오던 방식대로 가게를 운영했다. 하지만 무슨 연유에서인지 오픈 석 달 차에 접어드는 시점부터 고객이 눈에 띄게 줄어들기 시작했다. 음식 맛도, 가게의 분위기도, 직원들의 접객 서비스도 변한 것이 없었는데 어째서인지 매출이 적어지기 시작한 것이다.

원인을 모르니 해법이 있을 리가 만무했다. 결국 L씨는 3개월 차의 손익계산을 해본 다음 날, 부랴부랴 프랜차이즈 본사에 도움을 구했다. 매장을 찾은 슈퍼바이저가 매장을 진단하는 데는 두 시간이 채 걸리지 않았다. 원인은 두 달 전 진단받았던 내용 그대로였다. '본사의 매뉴얼을 준수하지 않은 것.' 하지만 L씨는 이 진단을 그대로 받아들이기 어려웠다. 음식의 맛도, 추가로 내놓는 반찬도 모두 '고객을 위해 손해를 감수하며 해온 서비스'라고 생각했기 때문이다. 하지만 본사의 슈퍼바이저는 매뉴얼을 준수하지 않으면 추가 경고장 발부와 함께, 계약갱신에도 영향이 있을 것이라고 경고하며 '맛'에 대한 일장 연설을 하고 돌아갔다.

그날 저녁 L씨는 냉장고에 쌓아두었던 젓갈과 남은 육수를 모두 폐기했고, 다음 날 아침부터 본사의 매뉴얼을 준수한 레시피를 적용했다. 당장 매출이 움직이지는 않았지만, 그렇게 또 3개월여가 지나자 서서히 매출이 상승곡선을 그리기 시작했다. 그렇게 매출은 1년 가까이 꾸준한 상승 폭을 보여주었고, 현재 L씨는 여동생을 불러들여 2호점을 추가로 출점해 운영 중이다. 그날 슈퍼바이저가 내린 맛에 대한 정의는 단순하고도 명료했다. '맛은 만드는 사람의 취향이 아니라, 먹는 사람의 취향에 맞춰져야 한다는 것'이었다.

외식사업을 전문으로 하는 프랜차이즈 브랜드는 전체 고객 중 9할 이상이 '평균 이상의 맛'이라고 평가하는 맛의 수준에 퀄리티를 맞춘다. 개개인의 입맛은 천차만별이기에, 모든 사람의 입맛을 맞추는 것은 애초에 불가능하다. 때문에 보편적인 수준보다 '조금만 더 나은 맛'을 구현하는 데 집중하는 것이다. 하지만 L씨가 변경한 레시피는 9할의 고객이 만족하는 맛이 아닌, 나머지 '1할'의 고객만 만족시키는 레시피였던 셈이다.

결국 이익을 창출하기 위해서는 음식점은 소수가 아닌 절대다수의 만족을 끌어내야 한다. 자신의 입에 맛있다고 해서 다른 모든 이들도 맛있게 느낄 거라는 오류를 범하지 말고, 객관적인 시각으로 다수의 소비자가 원하는 것이 무엇인지 정확하게 파악해야 할 필요가 있다. 그러기 위해서는 판매자 입장에서가 아닌 소비자가 원하는 게 무엇이고 그들이 이용하는 이유에 대한 조사가 필수적이다.

25.

좋은 상권이란 내 상황과 조건을 만족하는 상권이다

수도권 과밀 현상 해소를 위해 광역철도 등 기반시설을 배후로 하는 중소 신도시가 계속해서 구축되고 있다. 개발 정보와 소비 트렌드에 민감하게 반응하는 사람들은 이와 같은 신규 시장에 발 빠르게 진출해서 시장을 선점하고 있다. 하지만 그 안에서도 승자와 패자는 명확히 갈린다. 기본적으로 일정 규모 이상의 소비시장을 가진 도시에는 대형 프랜차이즈 브랜드를 위시한 업계 강자들이 몰려 있다. 서울 근교만 해도 그렇다. 대표적인 1기 신도시인 분당, 일산, 산본은 말할 것도 없고, 인구 10만 내외의 작은 도시라고 할지라도 그 메인상권에 나가면 강력한 경쟁력을 갖춘 브랜드들이 즐비하게 들어서서 각축을 벌이고 있다.

메인상권은 그 시장의 크기만큼이나 유효 고객의 수가 많지만, 그만큼 경쟁력 높은 경쟁자도 많다. 점포 임대료는 말할 것도 없이 비싸다. 그 때문에 상대적으로 가용자본의 크기가 큰 사업자가 유리할 수밖에 없다. 이런 상황에서는 취급하는 상품과 서비스가 명확하다면 상대적으로 경쟁이 적은 교외나 지방 소도시를 타깃으로 하는 것도 좋은 대안이 될 수 있다.

H씨는 임대료는 다소 비쌌지만, 유효 고객이 많은 서울 도심에서 프랜차이즈 음식점을 시작했다. 전략은 주효했다. 오픈 초기부터 가게는 문전성시를 이루었고, 별다른 변수가 없다면 투자 비용의 조기 회수에는 문제가 없을 것처럼 보였다. 하지만 변수가 발현되는 데에는 긴 시간이 필요하지 않았다. H씨가 주력으로 판매하던 메뉴는 설렁탕이었는데, 매장 오픈의 열기가 채 식기도 전에 이른바 '광우병 사태'가 일어난 것이다.

창업 두 달 만에 가게를 찾던 손님들의 발길이 거짓말처럼 반 토막이 났다. 임대료와 관리비, 인건비 등을 지출하고 정산하자 한 달에 800만 원가량의 적자가 발생했다. 당시의 광우병 사태는 단기간에 수습될 이슈가 아니었다. 이 추세라면 연간 1억 원가량의 누적 적자를 볼 수도 있는 상황이었다. 결국 H씨는 창업 6개월 만에 가게를 정리하기로 결심했다. 시설 투자비 회수는커녕 기본적인 생활비를 충당하기도 어려운 지경이었다. 이 상황에서 임대보증금 1억 원까지 날릴 수 있다는 두려움은 결심을 더 확고하게 했다.

매장을 정리한 H씨에게 남은 것은 임대보증금 1억 원과 주방 설비 등

시설물이 전부였다. 이 정도 자금으로 서울 근교에서 다시 식당을 시작하는 것은 불가능했다. 의도한 것은 아니었지만 어쩔 수 없는 상황에서 H씨가 선택한 곳은 지방 소도시로 진입하는 고속도로 나들목 인근이었다. 우선 도심에서 창업하기에 턱없이 부족한 창업비가 문제였고, 가게 운영을 하면서 차량으로 오는 고객이 많았다는 점을 깨달았기에 차량이 많이 이동하는 상권을 찾았다. 차량 이동 중 인근에 목적을 가지고 이동하는 곳이어야 하고, 가기 전 식사를 할 수 있는 환경이어야 한다는 것이 중요한 조건이었다. 해당 나들목 입지는 특성상 차량통행이 많고, 톨게이트에서 나오면 바로 보이는 곳이었으며 주차장이 있어서 이용하는 입장에서는 최적의 장소였다. 즉 만남의 장소와 같은 역할이 가능했다.

현 입지는 톨게이트를 나와 식사를 하고 이동하는 수요자들이 꽤 많다. 또한 매력적인 건 유동 인구가 많은 상업지역이 아니라 보증금과 임대료가 상대적으로 저렴하고, 권리금이 형성되지 않아 도심에 비해 창업비 30% 수준에 창업을 할 수 있기에 결정하게 되었다. 해당 나들목 인근에는 골프장과 리조트, 휴양림 등이 밀집해 있었다. 특히 골프장 이용이 목적인 고객들은 특정 시간대에 몰려서 매장을 방문했기 때문에, 접객 인원을 운용하기에도 수월했다. 아울러 주변에 다른 식당들이 들어서기 전까지는 이렇다 할 경쟁자도 없었다. 덕분에 지금은 연매출 15억 원 선을 유지하며, 지역 내 강자로 자리매김했다. 가용자본이 적다는 이유로 도심에서 작은 식당을 운영했다면 아마 이 정도로 성공하지 못했을 것이다.

눈에 보이는 유동 인원과 화려한 건물이 많은 상권이 잘된다는 편견은 버려야 한다. 투자 대비 수익률 관점도 봐야 하고, 경쟁사 수준도 봐야 한다. 무조건 메인상권에서 창업을 하면 성공할 수 있다는 생각을 버려야 한다. 상권도 중요하지만 자신의 가용자본 등 가능한 조건을 정확히 따진 후 최적의 상권과 입지를 찾는 것이 중요하다. 결국 얼마의 매출을 올렸냐는 것보다는 얼마를 벌었냐가 중요하다는 것쯤은 알 것이다. 하지만 눈에 보이는 부분에 현혹되어 우리는 실수를 할 수 있다. 업종 특성에 맞는 합리적인 창업을 하기를 바란다.

26.

어려움을 극복하기 위한
'운영의 묘^妙'

점심시간에 주차장이 텅 비어 있는 식당을 마주하는 고객의 심리는 복합적이다.

'맛이 없는 식당일까? 주인이 불친절한가?'

결국 고객은 짧은 시간 동안 이런저런 생각을 하다가, 결국 그 가게를 지나 다른 곳으로 가게 된다. 용인의 작은 택지개발지구에 있는 중식당은 손님이 없어서 곤란한 지경에 마주해 있었다. 가게 주인인 K씨는 나름대로 매장을 홍보하기 위해서 노력하는 편이었다. 출근길에 집 앞에서부터 전단을 돌려보기도 했고, 적립식 쿠폰을 발행해 보기도 했다. 동네 안에서 목 좋은 교차로에 현수막을 걸어본다거나 제법 영향력이 있다는 셀럽의 SNS를 통해 홍보를 해보기도 했다. 하지만 매출은 요지부동이었다.

그러던 중에 한 프랜차이즈 브랜드의 담당자로부터 조언을 얻어 시도해본 것이 바로 '핀서베이Pin-Survey'였다. 핀서베이는 매장을 방문한 고객을 대상으로 '어디에서 출발해서 오셨는지'를 물어보고 지도에 점을 하나씩 찍어서 그것을 토대로 분석하는 손쉬운 상권 분석 방법이었다. 흔히 편의점으로 대표되는 소매업에서 주로 활용하는 방식이다. 실제로 한 달간 핀서베이를 시행하고, 그 결과를 보니 눈에 띄는 점이 있었다. 바로 75%가량의 고객이 매장 인근 200m 이내에서 방문한다는 사실이었다. 그동안은 매장을 중심으로 2~3km가 떨어진 곳에서 전단을 배포해 왔는데도 말이다.

K씨는 당장 전단 배포 범위를 줄이면 그나마 유지되던 매출에 영향이 있을까 봐 걱정이 들었다. 하지만 밑져야 본전이라는 생각으로 조사 결과를 믿고 매장 인근 200m 내에서 전단 배포를 두 배로 늘렸다. 점심 장사가 끝나고 조금 한가해지는 2시 무렵부터는 가게 유니폼을 입고 인접한 초등학교 앞에서 아이들의 횡단보도 이용을 도와주는 활동도 시작했다.

효과는 의외로 빨리 나타났다. 일주일간 반경 200m 이내의 아파트 5,000세대에 전단을 총 3회 배포한 시점부터 매출이 꿈틀거리기 시작했다. 마케팅에서 가장 기본적인 전략은 '일관성Consistency'의 유지다. 누구나 처음 본 사람에게는 신뢰를 갖지는 않는다. 자고로 두 번, 세 번 마주침이 일어나고, 상대방이 어떤 사람인지를 정확히 인지하는 순간부터 신뢰가 쌓이는 법이다. 홍보 활동 범위를 줄여서 집중적으로 관리를 시작한 지 6

개월 차가 되던 시점의 매출은 종전의 2.8배 수준이었다. 한 달에 1,800만 원가량의 매출을 일으키던 가게가 5천만 원 선의 매출을 일으키게 된 것이다.

재미있는 사실은 4개월 차에 접어들었던 시점에 발생했다. 시행 첫 달부터 4개월 차까지는 매출 그래프가 완만한 우상향을 그렸다면, 5개월 차부터는 급격한 상승곡선을 그린 것이다. 의아함을 느낀 K씨는 7개월 차에 다시 한 번 핀서베이를 실행했다. 결과는 놀라웠다. 홍보 활동을 반경 200m 이내로 제한해서 집중했음에도 어느 순간 내점 고객의 반경이 1km 선까지 확장되어 있었던 것이다. 결국 좋은 고객 경험이 해당 중식당의 콘텐츠 영역을 확장시킨 셈이다.

예를 든 핀서베이는 고객의 방문 트렌드를 파악할 수 있는 가장 직접적인 조사 방식이다. 이 외에도 공개된 정보를 통해 고객의 소비 패턴을 파악할 수 있는 방법이 있다. 손쉬운 예로 배달앱에서 경쟁 점포의 배달 권역과 주문 총량을 파악할 수도 있고, 메뉴 카테고리를 세분화해서 여러 카테고리에 매장을 노출시키는 방법도 시도해 볼만 하다.

27.

생각을 바꾸면
길이 열린다

2018년 겨울, 국밥브랜드인 육수당 창업을 희망하는 어느 30대 초반의 고객과 상업 상담을 했다. 그는 현재 대기업은 아니지만 공기업을 다니고 있었고 곧 결혼을 앞둔 반듯한 청년이었다. 상담 중에 본인의 꿈은 장사를 통해서 사업가가 되는 것이며, 현재 직업은 장사가 잘되면 그만두고 싶다고 했다. 컨설팅을 하는 나의 관점에서는 정말 말려야 하는 고객이지만 우선은 어떻게 창업을 준비하고 있는지 들어보기로 했다.

자본금, 운영자, 입지 선정 등 차례차례 질문을 했는데, 정말 최악의 경우였다. 우선 자본금이 동업자와의 자금을 합산해도 1억 수준이 안되었고, 운영도 본인은 현재 회사에 다녀야 하니 결혼할 여자 친구가 할 수 있도록 상의 중이지만 결정된 바는 없다고 했다. 게다가 점포는 유동 인구가 많은 곳에 창업을 하고 싶다고 했다. 난 속으로 '이건 힘들겠구나'하며 상담을 통해 포기시키고 돌려보내기로 했다.

하지만 1시간가량 상담을 하는 가운데 대학교 학생회장 출신으로 당당하고 열정적인 그의 패기에 매료되어 그가 운영을 배우면 잘할 수 있을 거란 확신이 들었다. 하지만 넘어야 할 벽은 컸다. 우선은 자본이 문제다. 20평형 국밥집을 메인상권에서 차리기에는 1억이란 자본은 턱없이 부족했기에 특수상권으로 우회해 진행하기로 했다.

의뢰인은 신축상가 보증금 3,000만 원에 20평의 신축 점포를 찾기로 하고, 본사는 특수상권에 총투자 1억 이내의 점포를 찾기로 했다. 우리는 일주일 동안 아무런 결론을 내지 못하고 열심히 상권 개발만 했다. 다시 원점에서 고민하던 중 좋은 아이디어가 떠올랐다. 우선 우리는 한 가지를 놓치고 있었다. 자본이 없다고 신축 건물 및 특수상권 푸드코트만 개발하고자 울타리를 쳤다는 점이다. 자동차를 구매하기 위해서 신차만 보러 다닌 격이랄까. 중고차를 사서 수리해서 쓰는 사람도 많은데 너무 고정관념을 가지고 좁은 시야로 업무를 봤다.

돌이켜보니 2018년 육수당 개설 중 80%가 업종 변경이었는데도, 또한 이런 불경기에 자영업자 폐업이 증가하는 추세에 운영 중인 매물이 많이 있을 거란 생각은 안 하고 오로지 권리금 없는 점포만 찾았으니 이 얼마나 답답한 노릇인가. 다시 머리를 정리하고 일을 보는 중 성신여대에 20평형 한식업을 하던 점포가 저렴하게 매물로 나왔다. 내부 인테리어도 좋았기에 조금만 수리하고 본사 시안물과 간판 교체만 하면 창업하는 데 무리가 없어 보였다. 권리금도 보증금을 합쳐서 1억 미만이어서 본사 가맹비/교육비 등을 다 포함해도 1억 정도로 창업이 가능했다.

의뢰인과 본사 모두 만족하는 곳에 입점을 하게 되어 기뻤고, 현재 오픈 후 매출도 기대한 만큼 안정적으로 잘 나오고 있다. 이런 업종 변경 창업이야말로 이런 불경기에 반드시 관심을 갖고 체크해봐야 한다. 최근에는 시설도 수준이 높아져 쉽게 노후되지 않는 소재를 사용하고, 한식 업종은 크게 소재가 다르지 않다는 점도 좋은 포인트다.

더욱이 육수당은 '망한 가게 살려드립니다'라는 키워드로 자영업자에게 빛이 되는 브랜드다. 실제로도 10여 개 업종 변경을 통해 매출액을 많게는 2배에서 3배까지 올리는 기염을 토해냈다. 한촌설렁탕 정보연 대표가 만든 두 번째 브랜드이며 한촌설렁탕의 철학과 자영업자를 위해 만든 브랜드로 대표의 신념이 담겨 있다. 심지어 한촌설렁탕은 업계에서 가장 비싼 가맹비를 받지만 육수당으로 업종 변경을 하는 경우에는 가맹비도 받지 않는다는 장점이 있다.

다만 이 의뢰인은 아직도 다니고 있던 회사를 그만두지 못하고 있어 수익률과 운영에 어려움이 일부 있다. 다행히 안정적인 매출로 크게 염려치는 않지만 인디언 속담인 '화살이 두 개인 사람은 결코 명중하지 못한다'라는 말이 떠오르는 부분이다. 누구나 공감하는 말이겠지만 결국 간절함 속에 성공의 열쇠가 있다고 생각한다.

28.

최근 내가 가장 많이 듣는 말들 중 하나가 배달이다. 배달음식시장이 초고속으로 커지고 있다. 매출액이 지난해 기준으로 20조 원대로 추산되며, 이는 1년 새 33%나 증가한 수치다. 외식업 불황이란 말이 무색하다. 와서 먹지는 않아도 배달을 시켜서는 먹는다는 얘기다. 1인 가구, 맞벌이 부부, 밀레니얼세대(1980년대 초반 ~ 2000년대 초반에 출생한 세대) 덕분이다.

이 덕에 최근 프랜차이즈 업계에서는 A급 입지에 입점하지 못하는 가맹 예비 고객에게 B급이나 C급 상권을 추천한 후 배달로 매출을 올리면 된다는 말을 많이 한다. 사실 어처구니가 없다. 배달은 배달로 매출을 올리는 하나의 마케팅이자 운영 방식이다. 배달에 따른 원가와 노동, 그리고 서비스 모든 게 홀에서 운영하는 방식과 다르다. 사실 요식업을 하는 사람들이라면 배달이 모든 것의 해답이 될 수는 없다는 것에 공감할 것이다.

사업 태생이 배달업인 치킨, 피자, 야식, 중국 요리 등은 사업모델 자체가 배달인데, 매출이 저하가 되고 좋은 입지에 못 들어간 일반 음식점에 공통적으로 배달이 해답이라고 말하는 사람이 전문가라며 컨설팅을 하는 건 정말 납득이 가지 않는다. 물론 배달의 장점은 굉장히 많고 최근 배달 서비스가 발전하면서 불황인 외식업의 견인 역할과 방어 역할을 했다는 것은 인정한다. 배달은 나쁜 날씨와 환경에서도 배달음식을 더 많이 찾게 만들었고 '배달 애플리케이션(이하 앱)'은 호떡집에 불난 것처럼 붐볐다. 배달 앱 1위 업체인 '배달의민족'에는 한 달 평균 2,800만 건의 주문이 몰렸을 정도다. 외식산업이 배달음식을 중심으로 판이 바뀌는 모양새를 가지게 된 것이다.

배달의민족은 배달의민족 앱을 통해 음식점 광고·홍보 수단으로 활용하는 자영업자들이 2018년 5조 2,000억 원의 매출을 올렸다고 배달의민족을 운영하는 우아한형제들 측에서 3월 22일 재무 실적을 비롯해 배달의민족 연간 음식 거래액, 이용자 수, 주문 수 등의 지표를 발표했다. 2017년에 비해 73%나 증가한 수치다. 업주 1인당 평균 월 매출액도 2017년 대비 30% 증가했다. 2018년 12월 기준 배달의민족 앱의 월 이용자 수는 900만 명, 월 주문 수는 2,800만 건을 넘었다. 1년 전에 비해

각각 50% 이상씩 증가했다. 배달음식만큼은 호황이었다.

배달의민족 측은 "1인 가구, 맞벌이 부부, 밀레니얼세대 등 인구 변화와 고객 트렌드의 변화, 여기에 폭염, 혹한, 미세먼지 등 환경 요인도 배달음식 시장의 성장에 영향을 미친 것으로 보인다"고 분석했다.

외식 산업이 '배달 중심'으로 빠르게 재편되면서 시장의 파이도 커지고 있다. 배달 앱 업계는 배달음식시장 규모를 2017년 약 15조 원에서 지난 해 20조 원 이상으로 추산했다. 1년 새 33% 넘게 커진 셈이다. 3%대에도 못 미치는 우리나라 경제성장률을 고려하면 10배가 넘는 엄청난 성장세다. 하지만 창업자에게 있어서 배달시장이 커졌다는 것이 함정이다. 배달 시장 자체가 커진다는 건 판매방식에 대한 구조가 바뀌고 사회적인 구조가 바뀌는 것이지 음식점 자체의 본질이 바뀌는 건 아니다. 태생부터 배달 중심이 아닌 브랜드가 안 좋은 입지에 가맹점을 억지로라도 오픈시키기 위한 가맹본부 배 채우기식의 무분별한 입점의 도구로 배달을 거론하면 안 된다는 메시지를 남기고 싶다.

어느 찜닭을 취급하는 프랜차이즈의 사례를 들어보겠다. 이 업체는 입지의 기준이 없다. 2층, 뒷골목, 평수, 점포 전면 등을 다 무시하고 입점한다. 주된 목적은 폐점한 점포의 업종 변경이다. 가맹비, 로열티, 인테리어 수익, 광고비, 교육비 등을 받지 않는다는 솔깃한 조건을 내세워 우선 예비 창업자에게 호감을 주고 우선 가맹계약을 진행한다. 입지 분석은 형식적일 뿐 모든 문제를 배달을 하면 해결된다는 말로 설득한다.

놀랍지도 않다. 어림잡아 대한민국 프랜차이즈 가맹본부의 절반이 이런 행위를 하고 있으니…. 이런 업체는 위에서 언급한 배달시장의 성장을 핑계로 배달의 장점만을 내세운다. 배달의 경쟁과 추가적인 비용, 가맹본부가 중재하지 못하는, 즉 상권 보호가 없는(소비자가 선택) 점에 대한 우려와 같은 배달의 단점은 언급하지 않는다.

결국 창업 후 초기 매출은 지역 내에서 홍보가 진행됨에 따라 단기적으로는 증가하겠지만 점점 매출이 빠지고 본질에 충실하지 않은 홀 운영 방식과 메뉴의 한계에 의해 결국 폐점을 향해 간다. 가맹점은 폐업하지만 가맹본부는 또 다른 신규 가맹점 유치를 진행하고, 사업이 하향세를 보이면 이전에 성공했던 노하우를 이용해 또 다른 브랜드 개발을 하는 게 프랜차이즈 업계의 가장 큰 문제라고 본다.

배달이면 모두 해결된다는 말을 무기 삼아 구분되지 않는 상권 분석을 하는 가맹본부라면 피하는 것이 맞고, 비용 할인이나 무료를 내세우는 가맹본부는 가맹점에 대한 책임도 지지 않는다는 것을 명심하기 바란다.

29.

외식업계의 컨세션 사업 열풍,
대안일까? 악수일까?

　최근 외식업계가 컨세션 사업을 확대하려는 움직임을 보이고 있다. '컨세션 사업'이라는 비즈니스에 대해 생소한 사람이 많을 것이다. 쉽게 이야기하면 다중집객시설을 일관성을 가진 공간으로 재단장하여, 다양한 브랜드를 입점시킴으로써 수수료 수익을 꾀하는 사업이다. 예를 들자면 '푸드코트' 같은 것이 있다. 다만, 이전에는 단순히 시설 공급자 관점에서 푸드코트라는 표현으로 이와 같은 사업을 다루었지만, 최근에는 고객의 니즈를 적극적으로 반영하여 입점 브랜드의 구색을 갖추는 것이 트렌드다. 특히 지방 지역의 맛집이나, 흔히 '힙하다(고유한 개성과 감각을 가지고 있으면서도 최신 유행에 밝고 신선하다는 의미의 신조어)'는 평가를 받는 가게들이 선호되고 있다. 그렇기 때문에 어떤 컨세션 사업자가 보다 경쟁력 있는 브랜드를 플랫폼에 입점시킬 수 있는가 하는 것이 해당 사업의 성패를 가른 다고 할 수 있다.

소비자의 호응만큼 관련 시장 규모도 지속적으로 커지고 있다. 업계에 따르면 국내 외식 셀렉트다이닝시장(컨세션 사업 포함)은 2009년에 2조 3,000억 원대의 매출을 기록하고, 이후 매년 두 자릿수의 성장률을 기록 하며 2017년에는 약 4조 원대의 시장을 형성한 것으로 집계됐다. 속되게 말해 '되는 사업'인 것이다. 하지만 시간이 지날수록 컨세션 사업 영역 안에서도 '젠트리피케이션(낙후된 지역이 활성화되면서 사람과 돈이 몰리고, 결과적으로 원주민이 밀려나는 현상)'이 발생하고 있어 유심히 들여다볼 필요가 있다.

컨세션 사업이 생소하던 시절에는 효용성이 상대적으로 떨어지는 플랫폼을 가진 A집단이 브랜딩 능력을 갖춘 B기업에게 합리적인 수준의 임대 수수료를 전제로 머천다이저MD, merchandiser를 맞춰서 비즈니스 모델을 구축했었다. 이로 인해 A와 B, 그리고 개별 매장 운영자, 소비자까지 모두가 만족할 수 있는 형태로 자리 잡게 되었다. 하지만 작금 돌아가는 판을 보면 '승자'가 없는 게임으로 변질되고 있다. 종전의 '유휴 시설'의 개념이 강했던 공간에 다양한 컨세션 사업자들이 경쟁적으로 입찰에 응하기 시작하면서 수수료가 높아지기 시작한 것이다.

시장에서 컨세션 사업플랫폼의 매입계약 기간은 통상 2년에서 3년 수준이다. 이 경우 외식 브랜드를 가지고 입점하는 사업자가 계약 기간 이내에 보편적인 수준의 투자비를 회수하기 위해서는 세전수익으로 약 20% 선의 수익률을 내야 하는데, 이와 같은 수익을 내기 위해서는 통상 임대료와 관리비 등 고정비용을 12~15% 이내로 관리하지 않으면 기대하기 어려운 수익률이다. 하지만 최근 각광받고 있는 컨세션 사업자의 경우 임대 수수료와 공용관리비, 개별 테넌트 관리비까지 모두 합하면 예상되는 매출의 30% 선을 훌쩍 넘기기 일쑤다. 그렇다면 매출이 적으면 임대 수수료도 적게 내는 것이기에 합리적인 것 아닌가? 하고 순진하게 생각하는 것은 금물. 대부분의 사업자가 '미니멈 개런티'라는 명목으로 임대 수수료의 하한선을 정하고 있고, 이 경우도 예상되는 매출의 10% 선을 훌쩍 넘어간다.

고속도로 휴게소도 넓은 의미에서 컨세션 사업자의 범주에 든다. 예전에는 '휴게소 음식'하면 호두과자나 구운 오징어 정도의 가벼운 군것질거리를 떠올렸지만, 휴게소에서도 맛집을 찾고 시간을 보내는 여행객이 늘어나면서 특색 있는 휴게소 컨세션 매장이 많이 생겨나고 있다. 서울외곽순환고속도로에 위치한 시흥하늘휴게소가 대표적인 곳으로 다양한 식음료점이 들어와 있다. 이곳은 풀무원과 SPC그룹이 함께 운영 중이다. 제2영동고속도로 인제군 어귀에 있는 내린천휴게소는 대명레저산업이 운영 중이며, 전통적인 휴게공간으로써의 기능뿐 아니라 내린천휴게소 자체가 하나의 목적지로 기능하는 컨세션을 보여주기도 했다. 하지만 휴게소의 경우 단순히 운영자의 사업성만 놓고 판단한다면, 앞서 나열한 여타 컨세션 사업자의 역기능보다 한술 더 뜬다고 볼 수 있다.

고속도로 휴게소의 임대 수수료율은 대부분 40%를 기준으로 하고 있다. 최근 일부 휴게소들이 합리적인 수수료율을 바탕으로 '상생'이라는 키워드를 사용하고 있지만, 기본적으로 대다수의 휴게소 입점 사업자는 매장에서 판매된 매출 총액 가운데 절반에 가까운 금액을 고스란히 휴게소 사업자에게 제공해야 한다. 이처럼 컨세션 사업은 대규모 유동 인구와 접근성을 어필하면서 입점 사업자를 유혹하고 있지만, 시간이 흐를수록 높은 수수료를 감내하며 버틸 수 있는 입점 사업자의 층이 얇아지고 있다. 상황이 이렇게 되다 보니, 영세사업자는 점점 발붙일 곳이 작아지고, 자본력과 식자재 유통까지 가능한 대형 사업자가 시장을 잠식해 가는 상황이다.

외식업계 전반에서는 "조금만 돈이 된다 싶으면 눈치를 보다가 달려드는 대형사업자들이 야속하다"는 볼멘소리가 여기저기서 튀어나오고 있다. 이 상태로 시장이 고착화된다면, 이른바 '특수상권' 진입을 통해 상대적으로 작은 규모의 투자로 안정적인 매출을 기대하는 영세사업자가 도태될 것은 뻔해 보인다. 결국 눈에 보이는 매출의 규모가 그대로 수익으로 치환되지는 않는다는 이야기다. 컨세션 사업자를 통해 창업을 고려하고 있다면, 고정비와 더불어 예상되는 운영비 총액에 대해 정확한 가이드를 받고 수익률을 계산해 볼 필요가 있다.

30.

소비자의 구매 패턴을
파악하라

창업 강의를 하거나 컨설팅을 하다 보면 외식업을 운영하는 사람들이 가장 많이 질문하는 것 중 하나가 바로 장사가 잘 안되는 시간대에 매출을 올리는 방법에 대한 것이다. 여러 전문가들은 각자의 입장에 맞는 의견을 내놓기 마련이다. 메뉴개발전문가는 소비자에게 가장 잘 팔리는 메뉴를 제안할 것이고, 상권전문가는 상권에 대한 다양한 평가와 조언을 할 것이며, 운영전문가는 지역 내 마케팅 활동을 통한 매출 증진에 대한 노하우를 제안할 것이다. 당연한 이야기지만, 그만큼 중요한 이야기다. 이런 걸 사람들은 '기본'이라고들 한다. 하지만 전문가들은 일반적인 상황에 대한 방법을 이야기하는 것이므로, 자기 매장의 상황에 맞는 진짜 해답을 찾는 건 결국 운영하는 매장 사장이 해야 할 일이다. 곰곰이 생각해보면 누구보다도 본인이 매장의 현재 상태를 잘 알고 있을 것이다.

해답을 찾는 건 어쩌면 매우 간단할 수도 있다. 잘되는 시간대에 고객들이 찾는 이유가 무엇이고, 고객들이 내 가게로 오는 이유를 조사해보면 해결이 가능할 것이다. 장사가 안되는 시간대의 잘못된 점을 찾기 전에 잘되는 시간대의 장점을 찾는 것이 해답을 구하는 올바른 방법이다.

얼마 전 오픈했던 가맹점을 사례로 이야기해보겠다. 현재 A매장을 운영하는 K씨는 제약회사의 영업사원으로 10여 년간 근무한 경험이 있다. 그는 제약 영업이 영업 세일즈 중 가장 어렵다는 점을 들면서 그 어려운 일을 오랫동안 해왔던 일들을 자신 있게 약간의 영웅담을 섞어 너스레를 떨며 이야기하고는 했다. K씨의 가장 큰 장점은 영업사원 특유의 활기와 넉살, 그리고 긍정적인 태도와 서비스 정신이었다. 그렇지만 그의 매장은 그다지 매출이 좋지 않았다.

영업과 음식 장사는 엄연히 다르기에 본인의 경험이 도움은 되나 절대적으로 매출을 견인할 수는 없었던 것이다. K씨가 운영하는 A매장의 상권은 오피스가 어우러져 있고 주거지와 상업지가 섞여 있는 복합상권에 해당하는 곳이며, 상권 내의 위치는 먹자라인으로 주로 술과 밥을 먹는 사람들이 오는 곳에 있다. 해당 상권의 중간에 위치하는 이 매장은 현재 점심에만 50~70만 원의 매출을 올리고 있고, 저녁에는 매출이 겨우 10만 원 내외에서 왔다 갔다 하고 있다.

K씨는 저녁 매출을 올리고자 술안주 메뉴를 개발했고, 본사에서도 안

줏거리 메뉴에 대한 레시피를 어렵게 받아서 저녁에는 새로운 메뉴를 선보이게 되었다. 그 덕분인지 이후 매출이 일시적으로 올랐으나, 일거리가 늘어 주방이 복잡해지고 재고가 늘어나는 바람에 매출은 다시 원점으로 돌아왔다. 그 후 K씨는 "이 상권은 저녁 상권이 죽었어. 경기가 죽어서 이 동네 사람들은 술을 마시지 않아"라며 상권 탓을 했다. 그의 말에 일부는 동의하지만 그것이 매출이 나오지 않는 이유라고 보기는 힘들었기에 상담을 마친 후 주변 상권을 돌아보았다. 그때 K씨의 이야기와는 전혀 다른 광경을 목격했다.

더본코리아의 백종원 대표가 운영하는 프랜차이즈의 한 가맹점은 저녁임에도 불구하고 여전히 만석에 가깝게 자리가 채워져 있었고, 그 외에 닭갈비전문점, 차돌박이전문점 등도 장사가 잘되고 있었다. 대체 무슨 차이가 있는 것인지 궁금해져서 계속 살펴보니 이들은 저녁에 잘 팔리는 메뉴를 운영하는 가게였고, K씨의 매장은 점심에 어울리는 메뉴를 판매하는 밥집이다 보니 당연히 밤에는 매출을 올리기 힘들었던 것이다. 밥집에서 아무리 메뉴 개발을 해도 술을 마시는 사람들을 끌어오기는 힘들다.

예를 들어 카페에서 매출이 적다고 인근 샌드위치 전문점의 메뉴를 함께 취급한다고 소비자에게 구매할 욕구가 생길까? 복날이라고 순대국집에서 삼계탕을 팔면 삼계탕을 주문할까? 소비자에게는 늘 전문점을 찾는 구매 심리가 있다. 그래서 간판도 직관적으로 만들어야 한다. 곰곰이 생각해보자. 잘되는 집은 간판에 본인이 파는 메뉴가 반드시 들어간다.

저녁 상권이 죽었다는 것은 K씨의 개인적인 생각일 뿐 장사가 안되었던 건 상권이 약해서도 아니고 경기가 침체되어서도 아니다. 점심 매출을 보니 현재 K씨의 매장은 평균 2회전을 돌고 있는 반면 저녁에 매출이 좋았던 매장들은 문을 닫고 열지 않거나 1회전을 돌기도 어려운 상황이었다. 결국 소비자는 목적에 의해서 간다고 결론을 내릴 수 있겠다. 점심은 밥집, 저녁은 술집을 간다는 아주 간단한 논리다.

그렇다면 K씨가 매출을 올리기 위해서는 밥집 상호를 달고 있는 매장에서 저녁 안주 메뉴를 개발하고 마케팅을 해야 할까? 아니면 점심 시간대에 2회전을 하고 있으니 3회전까지 올리는 운영 방법을 택해야 할까? 그도 아니면 술안주가 아닌 저녁 식사 전용메뉴를 개발해야 할까? 완벽한 정답은 없다. 하지만 경험상 대부분의 경우는 하고 싶은 일을 하는 사람보다 잘하는 일을 하는 사람이 성공할 확률이 높다. K씨의 사례뿐 아니라 현장에서 일하다 보면 항상 운영자의 입장에서 고민하는 사장들이 90% 이상이다. 소비자가 정말 원하는 것이 무엇인지, 그들의 구매 패턴과 심리를 유심히 살펴서 내가 잘할 수 있는 것에 대한 개발과 투자를 통해 승부수를 던져야 한다.

결론을 내리자면, 현재 특정 시간대에 잘되고 있다면 안되는 시간대를 보완하는 것도 중요하지만 잘되는 시간대에 집중할 때 더 좋은 결과가 나올 수 있다는 것이다. 50년 전통의 어느 손칼국수 전문점은 칼국수 외의 다른 메뉴로 매출을 올리지 않는다. 전통 있는 칼국수라는 장점을 최대

한 살려 내고 있기 때문에 다른 메뉴가 불필요한 것이다. 해당 상권의 소
비자 구매 패턴을 분석하여 현재 운영하는 메뉴를 더욱 특화한다면 오랫
동안 경쟁력을 갖고 잘 운영할 수 있을 것이다.

31.

돌고 도는 상권,
어디까지 갈 것인가?

상권 분석을 한 지 17년 차가 되었다. 나는 전문가 소리를 듣고 있지만 하면 할수록 어려운 분야이다. 도무지 공식이 없는 것처럼 느껴진다. 전문성을 갖춘 부동산업을 하는 전문가도, 빅데이터 기반으로 분석하는 컨설턴트도, 관련 교수도 못 맞추는 경우가 많다. 왜 그럴까? 나는 상권 분석은 조사 시점마다 다르고, 환경에 따른, 경쟁사에 따른, 경기 영향에 따른 변화가 시시각각 달라지기 때문이라고 생각한다.

점포를 나무라고 가정하자. 나무는 가만히 있는데 계절에 따라 꽃이 피고 지고, 바람이 불어 쓰러지고, 나무꾼이 와서 나무를 베는 등 끊임없이 변화가 일어난다. 즉 가만히 있어도 의도치 않게 변하는 것이 상권 분석이라고 본다. 또 다르게 말하면 상권을 움직일 수도 있다는 것이다.

최근 잠실 롯데월드몰의 오픈으로 인해 강남의 메카인 코엑스몰의 상권 흐름이 일부 변했다. 롯데월드몰이라는 변화가 생기자 주변 상가도 점차 변화가 생기기 시작한 것이다. 롯데월드몰로 인해 피해를 본 상점도 있지만, 롯데월드몰에 와서 쇼핑, 문화생활 등을 즐기고 나와서 석촌호수로 이동해 데이트를 하는 커플 등의 증가로 인해 '송리단길'이라는 새로운 상권이 형성됨으로써 이익을 본 상점들이 더욱 많다.

해가 갈수록 서울 상권의 뜨고 지는 속도가 빨라지고 있다. 모르는 새에 뜬 곳이 생기기도 하고, 어느 곳은 소리 소문도 없이 가라앉는다. 그중 위에서 언급한 송리단길과 연트럴파크, 가로수길, 익선동은 요즘 인스타그램이나 페이스북 같은 소셜미디어와 블로그에서 서울의 '핫플레이스'로 가장 많이 거론되는 동네다.

지각 변동의 틈에서 새롭게 떠오른 이 지역들의 공통점은 뭘까? 두 가지 요인이 가장 두드러진다. 예전 명동, 이태원, 강남역, 압구정, 로데오거리 같은 전통 상권보다 상대적으로 임대료가 낮다는 점과 대형 프랜차이즈 대신 아담한 카페와 식당, 상점이 동네 분위기와 어우러져 신선한 지역색을 갖추고 있다는 것이다. 또한 다양한 볼거리를 제공하여 인스타그램과 소셜미디어 활동에 재미를 느끼는 10~30대의 흥미를 유발한 점이 상권을 움직인 것이다. 지방 소도시로 가면 메말라 가는 식당들이 단합해 음식거리를 형성하여 관광객과 지역민들에게 어필함으로써 상생하는 구조를 종종 보게 된다. 이 또한 상권을 움직이는 힘이다.

다시 돌아가서 최근 석촌호수 주변에서 송파나루역으로 이어지는 이른 바 '송리단길(송파+경리단길)'은 시내에서 호수 경관을 즐길 수 있으며 아기 자기한 카페와 식당이 많아 최근 젊은이들의 발길이 급증한 곳이다. 최근 기사에 따르면 글로벌부동산컨설팅 업체인 C사가 인스타그램 해시태그 분석 서비스 업체인 스타태그의 자료를 바탕으로 지난해 상권별 월평균 누적 게시글 수 증가율과 인기도 간의 상관관계를 분석한 결과, 송리단길 사진을 게시하거나 언급된 글의 빈도와 증가 속도가 가장 높았다.

한 달에 평균적으로 올라오는 인스타그램 게시물 증가율이 39.2%로, 서울의 주요 상권 평균(4.3%)의 9배에 달했다는 기사를 접했다. 가좌역에 서 홍대입구역 사이에 위치한 연남동은 주택가 골목 사이사이에 자리 잡 은 식당과 서점, 공방 등이 입소문을 타면서 '연트럴파크(연남동+뉴욕 센트 럴파크)'란 별칭이 붙었다. 한적하고 여유로운 주택가 사이에 숨겨진 맛집 을 찾는 재미가 쏠쏠하다는 평을 받고 있다. '샤로수길(서울대 마크를 그대 로 읽은 '샤'+신사동 가로수길)'은 서울대입구역과 낙성대역을 잇는 큰길에서 아파트 단지 쪽으로 두 블록쯤 안으로 들어가면 나오는 길이다. 길 양옆 으로 1~2층짜리 건물들이 어깨를 맞대고 서 있는데, 홍콩·대만·일본 등 동양풍의 퓨전 음식점과 술집, 카페가 강세를 보인다. 이탈리아나 프랑스 식 같은 전형적인 모임 장소는 오히려 찾기 어렵다는 특색이 있다.

옛날전통 분위기를 찾는 젊은 층에게 가장 인기가 많은 곳 중 하나로 북촌 한옥마을이나 1970~1980년대 감성이 남은 통인동을 들 수 있는

데, 최근에는 종로구 익선동이 떠오르고 있다. 복고풍을 세련되게 재해석한 '뉴트로New+Retro'의 인기에 힘입었다. 외식업계에 부는 경양식이나 복고풍 카페, 빵집의 부상과 맞물린 현상이라고 할 수 있다.

익선동은 길은 좁지만 볼거리가 가장 많은 곳 중 하나이다. 교통편 또한 좋아서 차가 없는 젊은이들의 데이트 장소 1순위로 꼽힌다. 그 외에 성수동, 가로수길, 남양주, 경기도 광주 신현리 등의 상권들이 새롭게 형성되고 있다. 핫플레이스나 맛집거리 외에도 상권을 움직이는 다른 관점의 사례들이 있다. 명동을 예를 들자면 한 블록 차이로 분위기가 극단적으로 대조되는 명동8길과 명동6길이 있다. 명동역에서 을지로입구역으로 이어지는 명동거리인 '명동8길'은 유명 브랜드들이 건물마다 촘촘히 들어찼고 관광객들로 붐비는 반면, 한 블록 안쪽 '명동6길'은 건물 전체가 비었거나 임대 현수막이 곳곳에 나붙어 을씨년스러운 분위기다. 문을 연 가게가 있더라도 근처로 지나다니는 사람 수는 손에 꼽을 정도로 드물다. 빛 좋은 개살구라는 말이 이런 데서 쓰이는 말이다.

대형 브랜드들이 거리를 장악하고 있던 메인상권은 임대료가 치솟으며 최근 들어 힘이 빠진 모양새다. 중대형 상가의 공실률이 서울 평균을 웃도는 지역이 늘었다. 1990~2000년 초반에는 상상도 할 수 없는 일이었다. 광고 효과를 보기 위해 대기업에서 가장 좋은 입지에 수억 원 이상 주고 입점하던 지역이 이젠 무권리라니? 놀라운 일이다.

최근 기사로 접한 내용 중 국토교통부의 집계를 보면, 가장 최근 자료인 2018년 4분기 기준으로 서울 중대형 상가의 평균 공실률은 7.0%지만 이태원(21.6%)·동대문(14.6%)·신촌(10.8%)·도산대로(10.0%)·명동(7.7%) 등의 공실률은 이를 웃돈다. 부쩍 올라간 임대료를 감당하지 못한 임차인들이 빠져나간 탓이다. 최근 방송인 겸 외식사업가인 홍석천 씨가 식당 문을 닫으며 화제가 됐던 이태원의 경우, 임대료가 1년 전의 공실률 (11.8%)의 두 배 가까이 뛰었을 정도다. 매출은 변하지 않는데 고정비 즉 임차료와 인건비, 물가 상승으로 인한 수익률 하락, 게다가 위에서 언급한 상권의 변화에 따른 고객 이탈로 매출 감소까지 이어지면 자영업자에겐 재앙이라고 봐도 된다.

또한 온라인 쇼핑의 성장과 함께 소비자들의 변화를 따라잡지 못해 상권이 침체된 곳이 늘어나고 있다. 최근 동대문 상권 공실률은 14% 수준으로, 먹자골목이나 고급 쇼핑거리가 조성된 전통적인 상권들도 상황이 그리 좋지 않은 셈이다. 붐비던 쇼핑타운이 온라인 쇼핑몰의 활성화로 매출이 반 토막 나니, 주변 외식 업종은 몇몇 업체를 제외하고 재미를 보지 못하고 있다. 반면에 샤로수길과 가까운 서울대입구역의 중대형 상가 공실률은 지난해 말 0%를 기록했고, 홍대·합정도 서울 평균보다 낮은 4.6%에 그쳤다. 망리단길(망원동+경리단길), 공트럴파크(공덕+센트럴파크) 등 제2의 '○○길'이 늘어난 것도 이처럼 돌고 도는 인기 상권의 이동을 방증한다.

오래된 상권의 이름을 다시 지어 새롭게 개편하고 최근의 트렌드를 반영하여 의기투합한 상권들이 속속 늘어남에 따라 예전의 영광을 누리던 상권들이 가라앉고, 명함도 못 내밀던 지역의 상권에서 소비자를 불러내고 있다. 내 생각에 최근 새롭게 뜬 '핫플레이스 상권'들은 음식 품질, 서비스 외에 감각적이고 개성 있는 디자인이나 창의적인 콘셉트를 내세운 카페·식당이 모여든 골목상권에 조성된다. 그러므로 홍대나 명동 같은 인기 상권에 비해 유동 인구나 가시적인 효과가 부족하더라도 임차료가 상대적으로 낮고 지역 특성과 개성 있는 콘셉트를 살려 젊은 층에게 어필할 수 있는 장점이 있는 곳이라면 제2, 제3의 송리단길이 될 수 있을 것이다.

32.

조금 비싸도
내 마음 채워주는 공간

이젠 외식업계도 SNS에 홍보되지 않으면 경쟁에서 뒤처진다는 것은 누구나 알 것이다. 이젠 맛으로만 승부하던 전통 한식 브랜드도 홍보 방법이 바뀌고 있다. 최근 가성비가 정말 중요하다는 건 내 주위 외식업장만 봐도 공감할 것이다. 하지만 더 중요한 것이 있다. 바로 '가심비'이다. 즉, 소비자의 마음을 뺏어야 성공할 수 있다는 것이다.

최근의 20~30대는 공간에 들어선 것만으로도 갑자기 트렌디해진 느낌이 들어야 SNS에 사진과 홍보를 해준다. 실제로 경기도 광주의 어느 카페에서는 카페의 여기저기를 찍은 사진을 SNS에 분주하게 올리며 이곳을 찾는 목적이 마치 홍보인 듯 바쁘게 움직이는 고객들을 볼 수 있다. 어떤 이는 이 카페를 소개하는 잡지를 정독하고 왔다며 오랜 대기시간에도 지친 기색 하나 없이 바리스타들이 원두를 내리는 과정을 지켜보는 데 여념이 없다.

　매장 공간 외에도 본인들이 주문한 커피를 기다리며 바리스타들과 담소를 나누고 기념품을 구매하는 등 흡사 관광객처럼 공간 곳곳을 탐닉하는 풍경은 이 시대 커피전문점이 문화와 취향을 공유하는 공간으로 변해가는 과정을 단적으로 보여주는 듯하다. 이 매장은 직원의 말에 따르면 이곳의 주말 하루 평균 방문객이 2,000명을 훌쩍 넘긴다고 한다. 내비게이션 없이는 찾을 수조차 없는 외곽 지역에 있는 카페가 마치 자석이 끌어당기는 것처럼 고객을 유입시키는 것은 어떤 이유 때문일까?

　최근 소비자들이 불황으로 인해 '가성비'를 따지는 것과 달리 외식 시장에서는 유독 '프리미엄'을 지향하는 소비 열풍이 거세다. 이는 변해 가는 트렌드를 고가 명품이 아닌 프리미엄 디저트 소비 등을 통해 경험하려는 욕구가 반영된 것 같다고 생각한다. 평소에는 가성비를 추구하지만 특별한 날만큼은 스몰 럭셔리를 즐기려는 이들의 모습을 쉽게 볼 수 있다. 신한카드의 빅데이터 분석에 따르면 경제 불황에도 고급 커피 매장의 매출은 연령을 불문하고 증가세다. 시장에서는 커피시장이 포화 상태라고 10년 전부터 같은 소리를 하지만 실제로는 매년 증가하고 있다. 이 이유를 분명히 알아야 한다.

　2019년 1분기 고가 커피 매장의 매출 증가율은 2015년 같은 기간보다 20대 8%, 30대 19%, 40대 47%, 50대 86%, 60대 149%를 각각 기록했다. 이 증가율을 보면 10~30대의 증가율보다 40대 이후의 증가율이 눈에 띄게 오르고 있음을 알 수 있다. 주거밀집 지역에 가 보면 카페의 절반은 주부들이 자리를 차지하고 있고, 다방이 사라졌기에 노년층도 스타벅스, 이디야와 같은 카페에서 커피를 즐기는 시대가 왔다.

어느 한 커피전문점의 브랜드 매장은 2016년 문을 연 후 지난해만 점포 수가 무려 29개가 늘었다. 프리미엄 커피를 판매하는 이 전문점은 매장 한쪽에 그림과 다양한 예술품 및 소품을 전시하는 특화전략을 적용하여 소비자들에게 볼거리의 공간을 제공한다. 이와 비슷한 전략으로 경기도 용인 보정동 어느 카페는 설치 또는 장식된 모든 조명 가구가 판매 제품이라고 한다. 직접 경험함으로써 제품을 보다 가깝게 느끼게 하여 판매를 촉구하는 전략이다. 지하 1층에는 직접 제작한 가구 전시장을 운영하고 있기도 하다. 이곳은 인근 주부들에게 엄청난 인기를 얻고 있다.

이런 현상은 불황으로 인해 최소한의 비용으로 마음의 만족을 추구하려는 '가심비'와 소비 경향과 함께 '외국문화'를 접한 젊은 층들이 트렌드를 빠르게 좇는 경향이 맞물린 결과라고 생각한다. 창업을 준비하는 예비 창업자들은 경제 불황이라는 말에 가성비를 우선하는 경우가 많지만, 성공하기 위해서는 가심비를 염두에 두어야 할 것이다.

33.

내 기억 속에 있던 풍경, 추억이 시장을 만든다

청소가 쉬운 딱딱한 합성목재 의자와 공간을 적게 차지하는 미니 테이블, 주변사람들의 목소리가 모두 섞여 쏟아져 들어오는 열린 공간 그리고 셀프서비스. 지금 한국시장에서 가장 각광받고 있는 도심형 카페의 이미지다. 그런데 이웃나라 일본에서 이와 정반대의 카페 아이템이 시장에 신선한 바람을 일으키며 선전하고 있다. 완충제가 가득 충전되어 안락한 느낌이 드는 소파, 어두운 색을 띤 커다란 테이블과 어깨 높이에서 개별 공간을 나누는 파티션들이 줄지어 있는 공간을 가진 '코메다커피점'이다.

주로 면적에 비해 임대료가 저렴한 도심의 외곽이나 교외 주택가의 입구에 주로 출점하고 있는데, 2018년 말 기준으로 일본 전국에 800여 개가 넘는 매장을 출점할 만큼 인기를 누리고 있다. 코메다커피점의 매력은 복잡한 도심에서 벗어나 여유 있는 공간에서 타인의 시선을 신경 쓰지 않고 커피를 즐길 수 있다는 데 있다. 하지만 코메다커피점을 다른 커피숍과 구분하는 가장 큰 차이점은 바로 '풀서비스'다. 손님이 직접 카운터에서 음료를 주문하고 셀프 픽업하는 시스템이 아니라, 점원이 테이블로 와서 주문을 받고 음료를 서빙하는 시스템인 것이다. 바로 이 점에 소비자가 열광하고 있다.

특히 노년층을 대상으로 이른 아침 6시부터 11시까지는 커피를 주문하면 삶은 달걀과 가벼운 토스트를 주는 세트메뉴를 운영하고 있는데, 이것이 큰 인기를 끌어 코메다커피점의 일일 매출 가운데 40%가량이 오전에 일어난다고 한다. 코메다커피점이 성공을 거두자 일본 내의 다른 대형 커피 프랜차이즈도 비슷한 서비스를 앞다투어 내놓기 시작했다. 다방식 커피숍에 소비자가 열광하는 이유는 단순하다. 최근 10년 사이 '셀프서비스' 방식의 커피숍이 시장의 대부분을 점유하다 보니, 이에 피로를 느낀 소비자층이 분리되기 시작한 것이다. 아울러 모바일 기기가 대중화되면서 카페에서 공부를 하는 '카공족'이나, 회사 업무를 보는 '카페 노마드족'이 늘어나는 것도 풀서비스 커피숍 확장세의 원인이 될 수 있다.

이 시점에서 코메다커피점이 우리나라 프랜차이즈 시장에 시사하는 점은 무엇일까? 가장 중요한 것은 우리나라도 일본처럼 급격한 인구 고령화를 눈앞에 두고 있다는 점일 것이다. 조금 더 요금을 지불하더라도 편안한 공간, 여유롭게 시간을 보낼 수 있는 공간을 원하는 소비자가 계속해서 생겨날 것이라고 예상할 수 있다. 흔히 58년 개띠, 59년 돼지띠로 불리는 '한국의 베이비붐 세대'가 정년퇴직을 하는 시기가 도래하면서, 교외 주택가가 주거의 대안으로 떠오르는 것 역시 코메다커피점과 같은 풀서비스 접객이 선호될 것이라는 예상을 뒷받침해준다.

하지만 이런 '추억 아이템'을 '복고풍 아이템'으로 잘못 해석하면 정반대의 결과를 가지고 올 수 있다. 예를 든 코메다커피점의 경우 풀서비스 접객이라는 과거의 서비스 방식을 현대적인 카페에 접목한 케이스다. 이를 다르게 해석해서 단순히 과거의 소품과 시설, 복고풍 인테리어를 적용하는 것은 다른 차원의 접근이 되기 때문에 주의가 필요하다.

나는 회사 그만두고 내 가게로 출근한다

Open 4.

_____

궁지에 몰리기 전에
해법을 찾아라

34.

콘셉트,
창업의 강력한 무기

　매년 소비 트렌드 변화를 예측하고 있는 김난도 서울대 소비트렌드분석센터장이 2019년 지배적인 트렌드로 가장 먼저 꼽았던 키워드가 '콘셉팅'이다. 콘셉팅이란 대중의 공감을 얻을 수 있는 뚜렷한 콘셉트가 있다면 조금 완성도가 떨어지더라도 사람들의 폭발적인 반응을 얻을 수 있다는 개념이다. 소비자에게 제공하는 상품, 서비스의 콘셉트를 어떻게 잡느냐에 따라 성과가 달라진다는 얘기다. 유튜브와 페이스북, 인스타그램 등 1인 미디어가 전성기를 맞으며 소비자의 호기심을 자극하는 콘셉트 제품이나 매장은 금세 소문을 통해 인기를 얻게 된다. 프랜차이즈 업계는 이를 분석하고 활용할 필요가 있다.

　내가 운영총괄로 근무했던 프랜차이즈 기업 가운데, 바르다 김선생과

죠스떡볶이는 브랜딩 관점에서 완성도가 높다는 평가를 받는 회사였다. 이를 바탕으로 소비자와 적극적인 소통을 하는 콘셉트 전략에 많은 투자를 해왔다. 성공적이었던 사례로는 대형 극장 체인인 CGV와 컬래버레이션했던 것을 들 수 있다. 극장 내 먹거리로 팝콘이 주류인 상황임에도 불구하고, '죠스튀김범벅'이라는 새로운 핑거푸드 메뉴를 개발해 전국 CGV 식음 파트의 인기메뉴로 자리를 잡게 된 케이스다.

바르다 김선생은 '바른 사람, 바른 마음, 바른 재료'라는 키워드로, 저렴한 간식으로 인식되던 김밥을 프리미엄화한 선구자 브랜드였다. 바르다 김선생 역시 과감한 업종 간 컬래버레이션으로 시장에 신선한 충격을 주었는데, 편의점 브랜드와 협업을 통해 '편의점 매장 안에서 주문과 동시에 만들어주는 김밥'이라는 콘셉트를 시도했던 것이다. 이 역시 콘셉트의 변화로 소비자에게 다가가 좋은 반응을 얻었던 사례이다.

입지의 불리함을 무릅쓰고 콘셉팅 하나로 성공한 지역도 있다. 성수동의 낡은 공업지역 콘셉트, 컨테이너 공간 콘셉트를 차용한 프랜차이즈 브랜드, 방송에서 화제를 모았던 원테이블 파티룸 등 확실한 주제가 담긴 브랜드는 세상에 금방 알려진다. 지리적인 한계, 상권의 한계까지 극복하는 경우를 보는 것은 상권 분석가인 내게도 큰 경험이 되었다. 예전에 내가 썼던 책《예비 창업자는 정신 차려라!》를 보면 심리적인 상권 분석이라는 내용이 있는데 '고객의 심리적인 습관을 통해 상권을 분석한다'는 것과 비슷하지만 다른 형태이다.

지리적인 한계를 가졌던 성수동은 입소문을 타면서 순식간에 '핫플레이스'로 등극한다. 이전까지 홍대상권이 핫플레이스의 전유물이었으나 성수동이 젊은 층에게 어필이 되었고 이후 연남동, 경리단길을 넘어 양평, 경기도 광주, 남양주, 송파, 강북 외 여러 지역으로 확산해 갔다.

이런 것을 보면 프랜차이즈답지 않은 콘셉트가 더 어필이 되는 시대가 온 것만 같다. 모든 곳에 해당한다고 볼 수는 없겠지만, 최근 젊은 층에게 "뻔하다. 힙하지 않다. 어느 동네에서도 많이 볼 수 있어서 데이트를 하거나 특별한 목적으로 갈 때는 선호하지 않는다"는 말을 많이 듣는다. 실제로 '힙한' 상권에는 프랜차이즈가 출점을 많이 하지 않고 있으며, 그나마도 편의점이나 올리브영과 같은 제품 판매점이 대부분이다.

어찌 되었건 핫플레이스의 형성은 여전히 진행 중이다. 의외성과 반전이 있는 것에 소비자는 반응한다. 별 볼 일 없는 상권에 의외로 멋진 카페와 음식점, 외부는 허름하더라도 내부는 각가지 멋진 소품과 경험해보지 않은 여러 가지 아이디어들로 가득한 점이 상권의 열세임에도 고객을 부르는 힘이다.

프랜차이즈 가맹사업에서도 콘셉트의 힘은 점점 커지고 있다. 매장의 형태는 물론 메뉴 등에서 특히 자유로운 변화의 물결이 일고 있다. 기본적인 뼈대는 가맹점주가 가맹본부와 협의해야 하지만 로컬 마케팅 차원에서 점포별 차별화된 콘셉트를 구현하는 것을 추천한다. 브랜드 정체성을 훼손하지 않으면서도 지역별 상권별 특성에 맞게 다른 전략을 쓸 수 있다. 특정 연령 대상 이벤트, 지역 사회 공헌, 온라인 활동과 기발한 전화 응대 등이 이에 해당한다.

스타벅스도 지역마다 매장 콘셉트가 다르다. 결국 통일성으로 승부하던 2000년대 초반 프랜차이즈에서 기본은 지키되 지역적 차별화 콘셉트를 가져야 하는 시대가 왔다. 제주도에서는 돌로 만든 인테리어라든지, 시청 매장에는 한국 정서에 맞게 기와집 형태의 외관을 한 스타벅스처럼 말이다. 예비 창업자도 기발한 아이디어로 무장한 가맹본부인지를 따져 봐야 한다. 외식의 경우 독보적인 메뉴를 가졌는지, 서비스업은 기존 사업자들이 따라올 수 없는 경쟁력을 갖추고 있는지 등을 살펴볼 필요가 있다.

확실한 콘셉트가 있다면 산꼭대기에 있는 가게도 성공하는 시대이다. 그러나 이 같은 입소문을 이어 가기 위해서는 우선 기본적인 역량을 갖춰야 한다. 본질에 충실하지 못한 브랜드라면 아무리 콘셉트의 힘이 강력하다 해도 결국은 사람들이 떠나갈 수밖에 없다. 충분한 역량과 확실한 콘셉트, 이 두 가지만 있다면 풍성한 수확을 이룰 수 있을 것이다.

35.

오피스상권은 안정된 상권이다. 매출이 기본적으로 보장된다고 많이들 이야기한다. 거기엔 이유가 있다. 오피스상권은 주택가보다 유동 인구가 많고 상대적으로 매장 효율성이 높다. 점심에는 식사하러 온 이들이, 저녁에는 회식을 하는 이들이 매장을 찾기 때문이다. 하지만 단점 또한 명확하다. 회사원들이 출근을 하지 않는 주말의 매출이 평일 대비 50~70% 정도 감소하게 되는 특징이 있다. 공휴일과 명절까지 포함하면 그 이상 감소하는 달도 있을 것이다.

최근 임대료, 인건비 등 고정비가 치솟으면서 매장 효율성이 외식업계의 가장 큰 화두로 떠올랐다. 이에 따라 오피스상권에서 경쟁력을 갖춘 업체들이 등장하여 창업시장에서 새로운 전략을 세우고 있다. 오피스상권에서 가장 인기가 많은 업종은 다연 가성비가 좋은 고깃집이다. 갈빗살 1인분을 9,900원에 제공하며 뛰어난 가성비로 폭넓은 고객층을 사로잡은 ○○소갈비살은 한국인이라면 어지간해서는 다 좋아하는 안정적인 아이템인 만큼 오피스상권, 주거상권 구분 없이 안정적인 매출을 올릴 수 있다. 또한 일반 한식집과 비교해도 손색이 없을 만한 국밥과 밑반찬, 점심 메뉴가 있어 오피스상권에서 직장인들의 발길을 끈다. 직장인들의 니즈를 만족시키기에 충분하다. 다만 품질이 뒷받침되어야 한다는 문제가 있다. 즉석떡볶이 전문점 '청년다방'은 카페, 호프집으로 다양한 변모가 가능한 삼모작 프랜차이즈 브랜드다. 브랜드 확장 초기에 떡볶이와 커피 두 가지 아이템으로 2030 여성들에게 전폭적인 지지를 이끌어낸 청년다방은, 최근 치킨과 칵테일 맥주를 선보이며 저녁 모임을 즐길 수 있는 브랜드로 외연을 확장하고 있다.

위에서 말한 두 업체는 낮과 밤 또는 음료까지 잡는 방식으로 한정된 상권에 있다는 약점을 인정하고 스스로 상권 내에서 변화를 주어 약진해나가는 업체들이다. 또한 오피스상권에 변화가 따르고 있다. 최근에는 술을 완전히 배제한 '수다형 회식'도 많아지는 추세다. 이에 조용한 공간에서 세대 간의 소통을 돕는 카페도 회식 장소로 인기다. 이제는 간단히 저녁을 먹고 디저트카페에서 모두 취향대로 즐기고 떠들 수 있는 문화가 자리를 잡았다.

내가 보기에 오피스상권의 경우 다른 지역보다 시간대별로 고객 유입의 편차가 적기 때문에 매장 효율성을 높일 수 있지만 주변 경쟁이 그만큼 치열하다. 오피스상권에서는 점심부터 저녁까지 지속해서 고객들을 유치할 수 있는 경쟁력 있는 메뉴 구성이 무엇보다 중요하며, 문화적인 요소를 가미하면 안정적인 매출을 올릴 수 있다고 생각한다. 거기에 더해 배달까지 한다면 더할 나위 없이 좋다.

이처럼 시장은 계속 변화하고 있는데, 너무 단순하게 예전에 경험했던 모습만 기억하고 오피스상권으로 창업을 했다가는 당신도 폐업률 80%에 들어가게 될 것임을 명심해야 한다. 보기 좋은 상권이지만 단점이 명확하기에 오피스상권을 희망하는 창업자는 아이템에 있어서 낮과 밤, 그리고 문화를 주도하는 업종을 선택하기 바란다. 특히나 고정비는 정해져 있기에 부가적인 매출을 올릴 수 있는 부분으로 고민하고 준비해야 한다.

36.

모바일 고객 공략은
선택이 아닌 필수

최근에 신문 기사를 읽다가 엄지족이란 생소한 단어를 보게 되었다. 예상대로 엄지족은 '스마트폰을 많이 사용하는 신세대'를 일컫는 말이다. 즉 스마트폰으로 모든 서비스를 이용하는 소비자들이라고 해도 과언이 아니다. 엄지족이 늘어나면서 온라인 쇼핑의 모바일 거래 역시 증가했다. 최근 배달시장에서도 앱을 이용한 주문시스템으로 소비자들에게 선풍적인 인기를 끌었으며 현재도 고도화되어 진행되고 있다. 또한 최근 프랜차이즈 업계가 자체적으로 사전주문과 예약 등 앱 서비스 강화에 적극적으로 나서고 있다. 모바일 주문에 익숙한 소비자들이 늘어나면서 이들을 잡기 위해 차별화된 서비스를 속속 선보이고 있다. 하지만 여기에는 치명적인 단점이 있다. 배달 앱에 지급하는 수수료로 인해 수익률은 하락하고 있다는 점이다. 이것은 현재 우리 창업시장에 주어진 양날의 검이라고 할 수 있다.

먼저 앱을 이용하기 시작한 카페 프랜차이즈의 경우, 스타벅스가 처음 선보인 앱(사이렌 오더)을 통한 사전주문 서비스가 업계 전체로 확산되고 있으며, 이에 뒤질세라 업계에서는 피자와 치킨 등 패스트푸드 및 배달 중심 프랜차이즈에서도 자체 앱 서비스를 강화해 배달 앱에 지급하는 수수료 줄이기에 나서고 있다.

스타벅스는 줄 서지 않는 사전주문 서비스를 도입했으며, 현재 다른 카페 프랜차이즈에서도 연달아 앱 서비스 기능을 강화 및 새롭게 출시하였다. 국내 대기업인 CJ에서 운영하는 투썸플레이스(디저트카페+커피)와 매일유업에서 운영하는 폴 바셋은 기존의 모바일 앱을 전면 개편하며 원하는 매장을 선택해 메뉴를 주문하는 사전주문 서비스 T오더, 원터치오더와 크라운 오더 및 퀵오더를 도입했다.

이밖에도 홀케이크 예약 및 픽업 서비스 등의 기능을 추가하고 고객들이 화면 하나로 정보를 최대한 인식할 수 있도록 사용자 환경을 전면 개선했다. 카페 프랜차이즈들이 이 같은 서비스를 경쟁적으로 도입하는 것은 고객은 물론 카페 입장에서도 유리하기 때문이다. 고객들은 매장에서 음료가 나올 때까지 기다리는 시간을 줄일 수 있고, 카페 입장에서도 점심시간 직후처럼 손님이 몰리는 시간대의 매장 혼잡도를 낮출 수 있다. 매장 직원들이 주문을 받는 대신 음료를 만드는 데 집중할 수 있어 효율성을 높일 수 있다.

인건비를 낮추는 데에서 이제는 효율적으로 운용해 잉여 인력이 없도록 방지하고, 소비자에게 적은 인원으로 최대한 서비스를 제공하기 위해 앱을 사용한다고 본다. 스타벅스 기사에 따르면 이들 카페 프랜차이즈의 앱 기능은 스타벅스의 앱 기능과 큰 틀에서 유사하다. 대표적인 사례로 '사이렌 오더'는 스타벅스 코리아가 2014년 전 세계 스타벅스 최초로 도입한 O2O(온라인과 오프라인이 결합하는 현상) 사전주문 서비스다.

스타벅스의 경우 선불식 충전 카드 이용 고객을 위한 로열티 프로그램 '마이 스타벅스 리워드'를 2012년 앱과 연계해 사용하기 시작했다. 2014년 100만 명이던 회원 수는 5년 새 500만 명을 넘겼다. 앱은 비회원이어도 사용할 수 있기 때문에 실제 앱 이용자 수는 더 많을 것으로 추산된다. 이에 따라 스타벅스는 회원이 아닌 고객도 사이렌 오더를 사용할 수 있는 모바일 주문 시스템을 도입하기도 했다. 스타벅스는 IT서비스 혁신을 통한 디지털 경험 강화가 회원 수 확대에 큰 도움이 된 것으로 판단하고 있다. 현재는 사이렌 오더 음성 주문 기능과 차량 정보 자동 인식 기능My DT Pass까지 선보이고 있다. My DT Pass의 이용자 수는 50만 명이 넘는다.

이에 치킨과 피자 등을 주력으로 하는 외식업계에서도 O2O 서비스 강화에 주력하고 있다. 고객의 편의성을 높일 뿐 아니라 인건비 절감 효과를 노릴 수 있다. 특히나 배달 중심 업체는 배달 앱을 통한 주문에 익숙한 소비자를 자체 앱으로 유인, 배달 앱 수수료를 줄일 수 있다는 현실적인 판단도 깔려 있다. 이미 패스트푸드점에서는 무인주문기(키오스크)가 보편화되고 있다. K브랜드는 매장 내에서 휴대폰만으로 주문과 결제가 가능한 '테이블 오더' 서비스를 도입해 고객 편의성을 한층 더 높였다. 매장 내 테이블에 붙어 있는 테이블오더 스티커에 휴대전화를 올려놓거나 QR코드를 스캔한 뒤 화면에 뜨는 페이지에서 주문, 결제하면 된다.

업계 관계자는 "앱을 통한 주문이 프랜차이즈 이용 고객에게 자연스러운 일상이 됐다. 특히 젊은 세대일수록 디지털 플랫폼을 선호한다. 이러한 트렌드를 따라가지 않으면 결국 뒤처지기 때문에 디지털 서비스 제공은 선택이 아닌 필수가 됐다"고 말한다. 결국 90년대와 2000년 초반에 매장 내에서 소비자 만족을 이끌던 시대, 그리고 2010년 이후 품질의 상승과 차별화, 감성으로 소비자의 마음을 잡던 시대에서 스마트폰으로 거의 모든 서비스를 이용하는 엄지족을 잡지 않으면 생존하지 못하는 시대로 변한 것이다.

소비자 서비스 방식이 변하고 있다. 가맹본부라면 고객에게 가장 편리하고 간편한 자체 앱을 개발하고 고도화하는 일을 늦춰서는 안 된다. 정리하면 이제는 모바일 고객 공략은 선택사항이 아니고 필수사항이라는 것이다. 앞으로 모든 외식업종은 앱을 통해 사전주문을 받는 시대가 왔다고 본다. 숨 쉬듯 자연스럽게 소비할 수 있도록, 서비스를 공기처럼 만들어라.

37.

무너지는 대형 한식전문점과 패밀리 레스토랑

최근 외식업계의 소식에 따르면 '한파'가 몰아치는 업종은 무엇보다 고가의 메뉴를 취급하는 업종과 흔히 접대가 가능한 업종, 즉 일식, 한정식, 한우전문점이라고 한다. 경기 불황으로 소비자 지갑이 얇아진 데에다가, 김영란법 시행 이후 비즈니스 미팅의 수요가 줄면서 직격탄을 맞았다고 관계자들은 입을 모은다. 아울러 프랜차이즈 업체마다 외식 수준의 가정식을 표방하며 높은 품질의 가정간편식HMR을 내놓는 통에 1인당 수만 원을 들여서 한 끼 식사를 하는 문화가 점진적 줄어들고 있다고 본다.

실제로 한정식전문점이 많은 서울 종로구 인사동을 살펴보면 최근 매출에 경기 침체가 고스란히 반영되고 있다. 게다가 인건비 상승으로 인해 인력 절감을 해야 했고, 이는 서비스의 하락으로 이어졌다. 그렇다고 메뉴의 가격을 줄일 수도 없는 상황이었다. 김영란법은 그렇다 치고 관광객과 외부에서 오는 고객마저도 합리적인 소비로 발길을 돌렸다. 최근에 상권 분석을 나가면 주거밀집 지역과 오피스 지역 내의 한정식전문점과 한식 뷔페는 과장을 조금 해서 1층에 10평 남짓한 규모의 분식집보다 수익률이 떨어지는 경우가 종종 발생한다. '왜 이렇게 어려운 상황 속에서 계속 운영할 수밖에 없는가?'라는 질문을 하게 되는데, 그것은 투자비 회수와 잔여 임대차 계약 기간으로 인해 어쩔 수 없이 운영을 이어 가는 것이라고 해도 과언이 아니다.

얼마 전 기사에서 이런 내용을 봤다. 2018년 종로구 인사동의 한정식 식당 개수는 47곳으로 집계됐다. 이는 3년 전인 2015년에 32곳이었으므로 15곳의 점포가 늘어난 것이지만, 올해 들어서는 감소세가 두드러진다는 게 구 관계자의 설명이다. 종로구 관계자는 "올해 들어서 공식적으로는 2곳이 폐업했다"며 "폐업 신고까지는 시간이 걸리는 만큼, 실제 문을 닫은 업소 수는 이보다 많을 것으로 추정된다"고 말했다. 최근 자영업자 폐업률을 따지면 적어 보일 수는 있어도 상권의 몰락과 대형전문점의 몰락은 외식업계 종사자로서 아쉬움과 함께 깊은 우려가 된다. 단순히 지역 사정을 잘 아는 관계자와 일부 전문가들은 이를 두고 김영란법의 영향이 큰 것이라고 이야기하지만, 나는 근본적 원인은 트렌드 변화에 있다고 본다.

나는 최근 종로구 인근 익선동 등지가 '핫플레이스'로 떠올라 세련된 식당이 많이 오픈한 영향으로 예전에 유행했던 한정식집은 이전처럼 잘 찾지 않게 되었다고 생각한다. 또한 최근 상당수의 젊은 소비자들이 좌식 매장의 불편함과 높은 가격대 등을 이유로 한정식에 발길을 줄이고 있다. 외식사업도 한자리에 머물지 말고 발전해야 한다. 과거를 돌이켜 보면 20여 년 전 우리는 놀부보쌈을 먹기 위해 줄을 섰던 기억이 난다. 그로부터 10년 후 족발시장이 활성화되면서 대체 시장이 앞지르기 시작했고, 당시 10대였던 아이가 20대가 되고 20대가 30대가 되면서 보쌈보다 족발에 대한 수요가 증가하기 시작했다. 이처럼 수요는 늘 변하는데 '난 괜찮겠지' 라는 안일한 생각은 지역 최고의 맛집이라고 평가받는 곳만이 누릴 수 있는 특권이 아닐까 한다. 시야를 넓혀 한정식 외에도 한식을 포함하는 전체 업종을 봐도 불황이 뚜렷이 감지된다.

한국외식업중앙회에 따르면 '일반 한식 음식점'으로 등록한 전국 회원업소의 수는 2017년 8만 9,987곳에서 2018년 8만 7,280곳, 2019년 8만 6,243곳으로 조금씩 감소하고 있다. 이 같은 상황은 한정식만이 아니라 대형 프랜차이즈 업체가 운영하는 패밀리 레스토랑과 뷔페 업계도 고스란히 겪고 있다.

CJ푸드빌이 운영하는 국내 간판급 패밀리 레스토랑인 빕스의 매장 수는 2016년 말 86곳에서 2017년 말 81곳으로 감소하더니 2018년 연말에는 61곳으로 급감했다. 불과 2년 만에 약 30%가 줄었으며, 현재 이러한 하락세를 극복하기 위해 다변화된 외식 환경 속에서 새로운 콘셉트의 특화 매장을 선보이며 지속적인 혁신과 변화를 꾀하고 있다. 하지만 여전히 예전의 영광을 누리기에는 역부족이라고 시장 관계자는 보고 있다. 또한 수익이 떨어지거나 해당 상권과 어울리지 않는 매장은 과감히 정리해 효율성을 높여 왔다는 이야기가 있다.

빕스는 실제로 지난 2018년 6월 제일제당센터점을 샐러드 메뉴를 강조한 '프레시업 매장'으로 개편했고, 그 결과 전년 동기보다 매출이 최대 30% 증가하는 성과를 거뒀다고 한다. 하지만 나는 이 성과는 상권에서 오는 힘과 마케팅에서 온 것이라고 본다. 또한 계열사에 위치해 있다는 점을 봤을 때, 실질적으로는 외부 고객보다 임직원 할인을 받을 수 있는 직원이 큰 역할을 했을 것이라는 생각을 거둘 수가 없다. 또한 일반상권으로 나가게 된다면 매출 개선이 될지, 그리고 수익률도 마찬가지로 개선됐을 것인지 하는 의구심이 든다.

난 CJ에서 근무했던 경력이 있다. 품질과 서비스는 누구도 따라오지 못한다고 생각한다. 개인적으로도 좋아하는 브랜드이고, 외식업계를 호령했던 브랜드임을 자타가 인정한다. 하지만 최근 소비 트렌드가 변하여 대형점에 대한 부진 또한 피할 수 없는 사실이다. 트렌드는 예측할 수는 있지만 장담할 수 없다. 외식업계가 무서운 건 특정 히트 메뉴로 뒤집을 수 있다는 점. 이게 함정이다. 특정한 히트 메뉴만으로는 매출을 지속적으로 이어 가기 힘든 것이 외식업인데, 히트 메뉴로 순간적으로 고매출을 올리게 되면 소비자와 많이 소통하고 메뉴의 변화와 소비자의 니즈를 읽어야 성공한다는 걸 놓치기 때문이다.

동종 업종인 롯데에서 운영하는 또 다른 패밀리 레스토랑 T.G.I. 프라이데이스도 '감량' 중이다. 여기서 말하는 감량, 매장 수가 줄어든다는 것은 어떤 의미일까? 단순히 운영이 힘들어서 매장이 줄어들 수도 있겠지만 전략적 폐점도 있으니 단순히 장사가 안되어서 문을 닫는다고만 볼 수는 없지만 통상 폐점은 매출 및 수익률 하락 때문이라고 소비자들이 판단하는 것은 어쩔 수가 없다. T.G.I. 프라이데이스의 매장 수는 2016년 31곳에서 2017·2018년 29곳, 2019년에는 27곳으로 줄어들었다. 실제로 로드숍보다는 그룹에서 운영하는 롯데백화점과 대형 아울렛 위주로 운영이 되고 있다. 그렇다면 현재 특수상권을 제외하면 로드숍에서 과연 승산이 있을까 하는 의문을 던져본다.

T.G.I. 프라이데이스는 가성비를 높여 저렴한 가격대의 메뉴를 풍부한 양으로 제공하는 것으로 고객의 가격 부담을 낮추기 위해 노력 중이라고 한다. 한 기사에 따르면 가성비를 높인 메뉴를 출시했고 전체 매출의 20%가량 올랐다고 한다. 역시 시장은 저렴한 가격에 대한 어쩔 수 없는 반응이 있다. 하지만 시장은 상대적이다. 그만큼 시장에서 이미 고품질에 가성비 좋은 업종이 증가했고, 예전처럼 기념일이나 특별한 날에만 패밀리 레스토랑에 가는 시절이 아니다. 이미 핫플레이스 지역만 가도 셰프가 운영하는 멋지고 가성비가 좋은 매장이 널렸다. 또한 볼거리도 다양하다. 결국 신메뉴와 마케팅으로 소비자를 잡아야 하지만 쉽지 않은 것이 업계 현실이다.

또한 빕스와 더불어 배불리 먹을 수 있다는 장점으로 인기를 끈 계절 밥상, 그리고 그 외 올반, 자연별곡 등 한식 뷔페 역시 매장 수를 늘리기보다는 고급화하는 전략으로 전환하는 등 경쟁력을 높이고자 안간힘을 쓰고 있는 모습이다. 나는 한때 패밀리 레스토랑의 대안으로 주목받으며 폭발적인 인기를 끌던 한식 뷔페가 정체기를 맞은 것이라고 생각한다. 그런 와중에 중소기업 적합 업종으로 지정되면서 신규 출점이 제한된 데다가, 경기 불황으로 소비 심리가 위축됐고, 1인 가구가 늘어나 가정간편식의 구매가 늘어난 점 등 복합적으로 영향이 미쳤다고 본다.

대형 레스토랑과 패밀리 레스토랑의 운영은 음식을 파는 것에 더해 소비자들에게 또 다른 편의성과 재미를 주고, 포장 매출을 올릴 수 있는 메뉴의 개발이 필수적이라고 본다. 실제로 한 대형 한식전문점은 점심시간의 매출도 있지만, 포장 매출에서 큰 이익을 얻고 있다고 한다. 다시 말해 판매 방식을 바꾸고, 큰 공간을 이용해 상권 내 소비자들의 니즈를 고려한 운영 방식을 적용한다면 매출에 큰 기여할 수 있을 것이다.

38.

외식업계에 부는
뉴트로 바람

프랜차이즈 업계에 있다 보면 외식업의 흐름이 보인다. 특히나 유행은 그 시기가 3년을 넘지 못하는 패턴을 가지고 있음을 알 수 있다. 그마저도 최근에는 그 주기가 점점 빨라지는 것을 현장에서 느끼고 있다. 그러나 흐름을 읽을 수는 있지만 미리 해결책을 제시할 수 없는 업종이 있다. 최근 2~3년 사이에 가장 크게 유행했던 무한 리필 삼겹살전문점, 대왕카스테라, 현지식 베트남쌀국수, 핫도그전문점 등이 그것이다.

정리하면 이렇다. 경기 침체에 따라 가성비를 앞세운 1만 원에 무한 리필이 되는 삼겹살전문점은 패스트푸드와 분식점을 이용하던 10대마저도 끌어올 수 있었던 사례다. 내 후배는 과거 성남 수진동과 모란에서 무한 리필 삼겹살전문점을 오픈했는데 10대 청소년들이 번호표를 앞에서 끊고 대기할 정도로 엄청난 매출을 올렸다. 하지만 그 힘은 경쟁사 등장과 원가 인상으로 인해 수익률 악화로 이어졌고, 다시 품질 하락으로 이어져 결국 권리금 한 푼도 못 받고 폐점하게 되었다.

'외식업은 문화'라는 말을 들어봤을 것이다. 외식업 유행이 소비자 트렌드의 변화로 오래가지 못한 사례에 대해 말하고 싶다. 앞에서 언급한 해외 현지식을 그대로 해석한 베트남요리전문점은 1호점의 폭발적인 성공으로 인하여 당시 수백 개의 가맹점 오픈을 했던 저력이 있다. 하지만 3년도 넘기 전에 소비자는 다시 현지식에서 한국식으로 발길을 돌리기 시작했다. 흥미를 잃어버린 소비자, 그리고 바꿀 수 없는 한국인의 입맛은 콘셉트와 현지식 요리로는 잡을 수 없었다. 어쩌면 이 정도가 현지식의 한계인지도 모른다. 여러모로 검증하고 창업을 준비하다 보면 점포를 여는 것은 이미 소비자의 흥미가 점점 하락하는 시점이기 때문에 그만큼 피해를 보는 창업자들이 많다는 점이 무척이나 안타깝다. 이처럼 주위를 잘 돌아보면 유행에 따라 웃고 우는 창업자들이 많다는 걸 알게 될 것이다.

외식업에서는 경기가 침체될 때 가장 먼저 나오는 것이 가격의 거품을 빼고 합리적인 가격을 제시하는 일명 저가 메뉴로, 2018년부터 바람을 타기 시작한 '뉴트로 열풍'이 그 맥락에 있다고 할 수 있다. 2019년에 식품·외식업계의 트렌드를 끌어갈 키워드 중 하나로 뉴트로가 선정됐다. 뉴트로는 뉴New와 레트로Retro의 합성어로 옛것을 새롭게 느끼면서 즐기는 경향을 일컫는 신조어다.

외식업계는 1980년대부터 90년대까지의 추억을 떠올리게 하는 콘셉트가 2018년에 이어 2019년에도 속속 출시되고 있다. 프랜차이즈 업계에서도 마찬가지로 레트로 감성을 느낄 수 있는 콘셉트가 유행하고 있다. 최근 상권을 분석해보면 대형상권을 주로 이용하던 소비자들이 새롭고 개성이 강한 매장이 많은 골목상권으로 이동하였다. 콘셉트 또한 볼거리와 재미를 주지 않으면 경쟁력을 잃게 되어 매출 하락으로 이어지고 있음을 보여준다.

프랜차이즈의 뉴트로 브랜드 중에는 핫도그 브랜드가 있다. ○○핫도그 전문점의 콘셉트는 추억이 묻어나는 옛날의 핫도그 느낌을 그대로 해석하여 당시의 느낌을 잘 살려서 소비자에게 전달하는 동시에 최근의 트렌드에 맞게 메뉴를 보완하고 퀄리티를 높여 큰 반향을 일으켰다. 10~20대에게는 신선한 재미와 함께 맛있는 저가의 먹거리를 선사했고, 30대 이상에게는 어릴 적에 즐겨 먹었던 추억을 상기시켜 감성을 건드렸다. 그 외에 스몰비어전문점이었던 봉○비어나 말○비어, 그리고 기존 커피전문점에서 동네 저가 커피시장의 패러다임을 바꾼 빽다방도 같은 예라고 할 수 있다.

이런 브랜드의 등장은 소자본 창업자에게 희망적일 수 있다. 1억 이내로 창업이 가능한 업종이며 소형 커피전문점의 몰락을 대체할 수 있는 또 다른 돌파구가 될 수 있다고 시장에서는 판단했다. 결과는 지켜봐야 하겠지만 현재의 흐름은 상승세가 끝나고 다시 경쟁사 등장과 소비자의 흥미

이탈 그리고 대체 시장 등장으로 인하여 초창기와 같은 폭발적인 흐름은 보이지 못하고 있다. 뉴트로 브랜드로 성공한 ○○핫도그전문점 이후 프랜차이즈에서는 한식, 주류, 카페, 분식 시장이 최근 뉴트로의 흐름을 이어가고 있다.

하지만 분명히 알아야 할 것은 흐름을 잘 타고 갈 수는 있지만 이 흐름이 얼마나 오래갈지는 그 누구도 장담할 수 없다는 것이다. 창업과 나룻배를 비교해보자. 나룻배를 탄 사람이 아무리 열정과 의욕이 넘치고 체력이 좋아도 물의 방향과 반대로 노를 젓다 보면 한 치도 가지 못한 채 결국 힘만 빠져 자포자기하는 경우가 생기게 마련이다. 결코 물의 흐름을 바꿀 수는 없다. 마찬가지로 유행의 흐름과 반대로 가려 하지 말고, 흐름을 볼 수 있는 눈을 기르자. 그리고 미리 준비하는 자만이 승리한다는 것을 염두에 두고 항상 새로운 길을 모색해야 한다.

39.

자영업 잡아먹는
괴물 편의점

일에 집중하다가 점심식사 타이밍을 놓친 적이 있다. 컨설팅 일을 하다 보면 부지기수로 일어나는 일이다 보니 이제는 아무런 감흥도 없다. 어떤 때는 내가 식사를 한 줄 알고 저녁까지 보낸 적도 있다. 나는 아직도 혼밥을 하는 게 어색해서 혼자 밥을 먹어야 할 때는 늘 커피전문점에서 커피와 함께 베이글이나 도넛을 먹거나 패스트푸드를 주로 이용한다.

이유는 여러 가지가 있다. 간단하게 먹을 수 있고, 혼자 먹어도 남들이 이상하게 보지 않으며, 차에서도 먹을 수 있다는 점 등 혼밥을 하기에 매우 좋다. 하지만 한국 사람이다 보니 언제까지 매끼마다 빵과 패스트푸드를 먹을 수는 없다. 그럴 때 생각나는 게 분식류와 도시락전문점이다. 이 또한 상권 내에 마땅한 게 없다면 바로 편의점으로 가게 된다.

얼마 전 편의점에 가서 정말 깜짝 놀랐다. 편의점에 갈 때마다 내게 필요한 물건만 사고 바로 나오기 바빠서 편의점에 어떤 제품들이 구비되어 있고 팔고 있는지 유심히 살펴본 적이 없었다. 외식업계에서 일하면서도 편의점은 외식이 아닌 유통업으로 분류되다 보니 크게 관심을 갖지 않았던 것이다. 편의점에서 점심 대용으로 먹을 만한 것이라고는 삼각김밥과 컵라면 정도밖에 없던 것이 엊그제 같은데, 지금은 도시락, 햄버거, 샌드위치, 치킨, 베이커리 등 없는 게 없는 종합 외식 매장이다.

문득 최근 자영업자 매출 하락의 원인으로 편의점을 빼놓을 수 없겠다는 생각이 들었다. 편의점 음식은 가격 또한 매우 저렴하지 않은가. 최근 B사 치킨점의 가맹점주와 만날 기회가 생겨서 편의점으로 인해 매출에 영향이 생겼는지 질문을 했더니, 그는 "근처에 편의점이 몇 개 생기니 동네 백반집과 분식점에서 곡소리가 납니다. 다들 도시락으로 끼니를 때우는 것도 모자라 술도 편의점에서 수입 맥주와 안주를 구매해 집에 가서 마시니까요. 심지어는 치킨집마저 편의점의 영향으로 매출이 빠집니다"라고 말했다. 그 후 편의점에 대한 기사를 살펴보니, 편의점 업계가 최근 들어 가맹점 매출 증대를 위해 커피와 수입 맥주, 치킨, 베이커리, 식권 등 취급 상품과 서비스를 공격적으로 확대하면서 자영업자들의 공공의 적이 되고 있으며, 편의점의 상품과 서비스 확대에 직접적인 영향을 받는 자영업자들은 '업권 침해'를 주장하며 노골적인 불만을 표출하고 있다고 했다.

하지만 아직도 일본에 비하면 한국 편의점 수준은 떨어진다고 할 수 있다. 워크숍으로 일본 오사카에 갔을 때 편의점에 간 적이 있었는데, 품목의 종류는 물론 품질도 한국의 편의점보다 뛰어났다. 이제 한국도 일본처럼 편의점의 규모가 커지고 그 안에 외식이 확대된다면 외식업계에 어떤 영향이 올까? 그로 인해 타격을 받을 소형 외식 자영업자들의 곡소리가 벌써부터 내 귀에 들리는 듯하다. 나는 경기 침체 등에서만 자영업자 매출 하락의 원인을 찾고 있었는데 등잔 밑이 어둡다는 속담처럼 그 원인 중 하나가 이렇게 가까운 곳에 있었다.

또한 관련 업계에 따르면, 지난해 편의점 가맹점이 4만 개 이상으로 불어나면서 편의점 업계는 시장 포화로 인한 성장 정체에 빠졌다고 한다. 가맹점주들의 매출과 수익이 감소하자 가맹본부는 취급 품목을 대거 확대하고 있다. 대표적인 것이 커피와 치킨이다. 커피의 경우 2018년 C사, G사, L사 브랜드 편의점의 관련 매출이 급증했다. 심지어 C사는 2018년 자체 원두커피 매출이 전년 대비 42.9% 확대되었고 전체 판매량 순위도 10위에서 2위로 급상승했다. G사 역시 지난해 전체 판매 1위를 자체 원두커피 브랜드가 차지했다.

2018년의 편의점 업계 원두커피 판매량은 2016년의 2배가 넘는 2억 잔에 육박하는 것으로 알려졌다. 이유가 무엇인지 가만히 생각해봤다. 최근 커피전문점들이 최저임금 상승 등의 영향으로 커피값을 인상하자 주머니 사정이 좋지 못한 직장인과 학생들이 1,000~1,500원으로 저렴한 가격에 판매하는 편의점 커피로 발길을 돌렸다는 추측을 할 수 있었다.

품질 또한 커피전문점에 비할 바는 아니라고 해도, 몇 해 전과 비교하면 많이 좋아져 이젠 전문점의 80% 수준까지 올라왔다는 의견도 있었다. 게다가 다른 상품을 구매하면서 같이 구매하는 이른바 덤으로 사는 경우, 그리고 여럿이 갈 때 가장 눈여겨보게 되는 1+1 행사 품목이라는 점이 매출에 큰 영향을 준 것이 아닐까 한다. 그리고 제일 큰 이유 중 하나는 2018년부터 편의점 업계가 신형 자동커피머신을 대거 도입하고 원두 고급화에 나서면서 커피 맛에서 큰 차이가 없다는 인식이 확산됐기 때문이라고 본다. 이런 추세라면 편의점 커피가 수년 내에 테이크아웃 커피전문점 매출을 넘어설 것이라는 관측도 나온다.

반대로 커피전문점에서 편의점을 겸하고 있는 곳도 있고, 자동커피머신과 키오스크를 도입한 브랜드도 나오고 있다. 최근 정부의 정책에 아주 잘 적응하는 브랜드가 아닐까 한다. 최저시급은 계속 언급되지만 이는 양날의 검이다. 요즘에는 치킨 판매도 도마 위에 오르고 있다. 2018년 L사는 BBQ와 손잡고 치킨 날개 판매에 나섰으며 취급 점포를 늘리고 있다. 이에 질 새라 G사는 조만간 치킨을 직접 튀겨 판매하는 가맹점에게는 튀김기름과 관련 설비를 지원하는 치킨 장려금을 제공할 예정이라고 한다.

이미 C사와 미니스톱 등은 각각 2,000여 곳 이상의 점포에서 프라이드치킨을 판매하고 있다. 만약 전국 어느 편의점에서나 날개로 된 치킨을 구매할 수 있다면 1인식이 대세인 현 추세에 너무나 적합한 판매방식이지 않을까 한다. 물론 품질 관리와 위생의 문제점이 생길 수 있고 아르바이트생에게 그만큼 부담이 생기기 때문에 인력 채용의 어려움이 생길 수 있을 것이라는 생각도 든다. 치킨집 점주들은 치킨도 치킨이지만, 제일 큰 문제는 맥주라고 한다. 편의점에서는 수입 맥주를 1만 원에 4개를 묶어 팔아 큰 이익을 보고 있는데, 여기에 치킨을 곁들여 판매를 늘리겠다는 복안이다. 실제 지난해 편의점 치킨과 수입 맥주 판매량은 20% 안팎으로 신장했다.

최근 1인 가구의 증가와 주 52시간 근무제로 '혼술족'이 늘어나면서 동네 치킨, 호프집이 직격탄을 맞은 셈이다. 얼마 전 재미있는 기사를 봤다. 편의점에서 회사 식권을 받는 결제 서비스가 등장했다는 것이다. 기업들이 직원들에게 제공하는 식권을 모바일앱이나 결제 시스템과 연계해 편의점에서 도시락과 음료수 등을 구입할 수 있다고 한다. 이 서비스가 확산되면 식권 매출에 의존하던 오피스 밀집 지역 음식점들의 매출 감소는 불보듯 뻔하다. 그렇다고 강제로 막을 수도 없는 실정이다. 이런 복잡한 상황이 얽혀 어느새 편의점은 자영업자들에게 있어 괴물이 되어 가고 있지는 않은가 하는 생각이 든다. 편의점 업계에서 근무하는 후배에게 "이런 식의 판매 전략을 계속해서 취하면 자영업자들이 가만히 있을까?"하고 질문을 던져봤다. 후배는 "지금은 영역 파괴가 일상화된 무한 경쟁 시대이고, 고객의 선택권 확대를 위한 행보인 만큼 막을 명분이 없다"고 했다.

맞는 말이다. 대한민국은 자유민주주의 국가이니까. 하지만 최근 공정거래위원회는 프랜차이즈 가맹본부에 대한 엄격한 규제, 가맹비 원가 공개, 그리고 최저임금제 인상 등의 가맹본부에게 불리한 정책을 내세우고 있다. 이런 사례와 추세를 보면 향후 편의점의 출점 또한 규제의 대상이 되지 않을까 조심스레 예측해본다. 최근 편의점은 과다 출점을 막기 위한 출점 제한 자율규제가 시행되고 임대료 폭등, 최저임금 인상에 따라 품목 다변화는 불가피하다는 의견도 있다고 한다. 외식업계는 대책 마련에 고민하고 있다. 외식업 관계자는 "이미 수년 전부터 편의점의 자영업 업권 침해에 따른 손실이 눈덩이처럼 커져 이를 막아야 한다는 목소리가 팽배해 있었다. 하지만 마땅한 규제책이 있는 것도 아니어서 피해 규모와 형태에 대한 조사부터 시행할 예정이다"라고 말했다. 하지만 위에서 언급했듯이 과연 규제가 가능할지는 미지수이다. 규제된다면 또 다른 피해자가 발생하지 않을까? 아마도 그들은 또 다른 자영업자인 편의점 점주들일 것이다.

각설하고, 이젠 자영업자들이 가장 무서워해야 하는 것 중 하나가 편의점이 될 수도 있다는 게 현실이다. 고로 내가 파는 음식은 적어도 편의점의 상품을 뛰어넘는 품질과 서비스의 차이가 있어야 경쟁 사회에서 살아남을 수 있다. 소비자의 주머니 사정이 좋지 않아도 언제까지나 편의점 음식을 계속 먹을 수 없기에, 이럴 때일수록 소비자 입장에서 장사를 해야 한다.

40.

최저임금 인상이
부른 변화

　최근 최저임금 인상 등의 여파로 인건비 부담이 심화된 가운데, 특히나 내가 근무하고 컨설팅하는 외식·프랜차이즈 업계에선 키오스크와 스마트오더 등의 도입이 급속하게 확산되고 있다. 얼마 전 국밥프랜차이즈 가맹본부에서도 그동안 카페, 패스트푸드, 소매점에서 실시하던 키오스크를 도입하기로 결정 추진하고 있다. 최근의 소비 트렌드인 언택트 효과(접촉하지 않음)와도 맞물려 비대면을 선호하고 기계 사용에 익숙한 젊은 소비자층을 중심으로 긍정적인 반응이 보여지고 있다고 언론에서 이야기한다.

　나로서는 정말 긍정적인지 의구심이 들었다. 내가 직접 경험한 바에 의하면, 피크타임 때 키오스크 기계 앞에 줄 서 있는 고객들로 인해 옆자리

고객에게 피해를 주는 경우도 종종 봤으며 기계 사용 미숙과 오류 등으로 점원이 나와서 봐주거나, 사용 방법을 이해하기 어려워하는 몇몇 어르신들로 인해서 점원이 나와서 방법을 알려주거나 이동 포스로 계산을 해야 하는 등의 일로 인해 매장이 더 복잡해지는 경우도 봤다. 하지만 이 또한 성장하는 단계다 보니 한 번쯤은 겪고 지나가야 하는 일이라고 생각한다. 소비자들이 앱을 이용해 음식을 주문하거나 영화를 예매하는 것처럼 무인주문기를 이용하는 것에도 서서히 익숙해질 거란 건 분명하다. 프랜차이즈 업계는 주문 시간 단축, 고객 편의 향상의 이점을 내세워 무인화 시스템이 더욱 늘어날 것으로 전망하고 있다.

2018년 5월 프랜차이즈 업계에 따르면 최근 국내 주요 3대 패스트푸드점의 키오스크 도입률이 60%를 초과한 것으로 집계되고 있다. 결국 젊은 소비자들이 가장 많이 이용하는 업종 중 하나인 패스트푸드에서 무인화가 가장 빠르게 진행되고 있다. 어느 기사에 따르면 맥도날드는 약 420개 매장 중 250여 곳에서 키오스크를 운영하고 있다고 한다. KFC는 지난 2017년 키오스크를 처음 도입해 특수 매장을 제외하고 2018년에는 전 매장에 키오스크의 설치를 완료했다. 1,350개 매장을 갖고 있는 롯데리아는 820여 개 매장에 키오스크를 도입했다. 그뿐 아니라 앉을 자리도 없을 정도로 소형 평수로 포장 위주의 판매를 하고 있는 주스전문점 '쥬씨'도 2018년부터 본격적으로 키오스크를 도입하기 시작해 현재 100여 개 가맹점에서 키오스크를 운영하고 있고, 최근에는 버거·치킨 브랜드 맘스터치가 최저임금 인상으로 가맹사업자의 수익이 악화되자 매출 증대를 위해 수도권을 중심으로 키오스크 도입에 속도를 내고 있다.

내가 보기에 키오스크는 소비자의 편리성보다는 최저임금 인상으로 인한 수익성 악화를 겪고 있는 가맹점주 및 자영업자들을 위해서라도 빨리 개발되고 보급되어야 하는 게 옳다고 생각된다. 특히나 인력 수급이 어려운 중소도시 매장 등을 중심으로 키오스크의 시범 도입을 증가해야 한다고 생각한다. 이를 위해서는 사업장에 최적화된 소프트웨어 개발과 하드웨어 업그레이드 과정을 더 고도화해야 할 것이다. 키오스크 매출 비중은 전체 매출에서 평균 약 60%에 달하며, 판매 건수로 봤을 때 최대 80%를 차지하는 곳도 있다. 이런 추세라면 키오스크 도입은 결국 평소 제품을 주문하기 위해 길게 줄을 서서 기다리는 경우가 많았던 다수 고객의 불편함을 덜어낸 것이 좋은 반응을 불러일으킬 것이다.

얼마 전 오랜만에 전 직장 후배 본부장과 미팅을 하기로 하여 나의 파트너인 천 팀장과 함께 만나 스타벅스에서 이야기를 나눴다. 서로 오랜만에 만나 반가운 인사를 짧게 나눈 후 서로 음료를 주문하려고 일어서는 순간 서로들 먼저 계산하겠다고 이야기하던 중 천 팀장이 스마트오더 서비스를 이용해 앉은 자리에서 음료 석 잔을 주문했다. 나와 후배는 신기하다는 표정으로 그저 웃기만 했다. 사실 이 서비스가 시행했다는 건 알고 있었지만 이렇게 가까운 현장에서 사용되고 있는 것을 전혀 체감하지 못하고 있었는데, 막상 실제로 사용해 보니 너무나 간편하고 좋은 서비스라는 생각이 들었다. 그래서 몇몇 기사와 인터뷰를 통해 내용을 파악해보니 스타벅스, 폴 바셋, 투썸플레이스. 탐앤탐스 등 커피 업계에서는 '스마트오더' 서비스를 확대·도입하고 있었다. 스마트폰 앱을 통해 줄을 서지 않고도 바로 원하는 자리에 앉아 주문할 수 있는 비대면 서비스 방식으로 시간 단축과 인건비 부담을 덜 수 있어 고객 서비스와 매장 효율 측면에서 이점이 있다.

스타벅스 코리아는 지난 2014년 세계 최초로 모바일 앱 주문 서비스인 '사이렌 오더'를 가장 먼저 도입했다. 국내 도입을 발판으로 미국 현지에도 도입시켰다. 스타벅스 관계자는 "현재 일평균 10만 건에 육박하는 주문으로 하루 전체 주문 건수의 약 18%가 사이렌 오더로 이뤄지고 있다"며 "작년 12월 말 기준으로 전체 6,600만 건의 누적 주문 건수를 달성한 바 있다"고 설명했다.

사이렌 오더에는 매장 밖에서의 선주문 및 결제 기능 외에도 스타벅스의 메뉴를 개인의 선호에 맞게 추천해주는 '개인화 추천 서비스' 도입, My DT Pass 등의 고객 편의 기능이 지속적으로 업그레이드되고 있다. 다른 커피 프랜차이즈들도 스마트오더 서비스 도입에 한창이다. 이디야커피는 지난 2017년부터 이디야멤버십 앱에 스마트오더 서비스를 도입했다. 최근에는 폴바셋 '크라운 오더', 투썸플레이스의 '모바일투썸', 탐앤탐스의 '마이탐' 등 자체 앱을 통해 스마트오더 서비스를 제공하고 있다.

커피 프랜차이즈는 다른 업종에 비해 소비자의 편의성을 위해 이런 시스템을 도입한다고 하지만 결국 인건비 상승으로 인한 대비가 되지 않았나 생각한다. 또한 프랜차이즈 외식업계는 무인화로 인한 일자리 감소, 기계 조작에 익숙하지 못한 노인 소외 등의 사회 문제를 우려하는 목소리도 나오고 있다. 지난해 11월 구인구직 사이트 알바몬이 아르바이트생 대상으로 '무인 결제·키오스크 확대'에 대한 설문조사를 진행한 결과 절반 이상인 56.3%에 해당하는 응답자가 "키오스크가 늘면 일자리는 줄어들 것"이라고 답했다. 또 다른 질문 중 "자신의 일자리에 영향을 미칠 것으로 걱정되는가"라는 질문에는 "매우 걱정된다"가 11.7% 차지했고, "걱정되는 부분이 없지 않다"는 답변이 47.8%를 차지해 무인결제 시스템 확대로 인한 일자리 감소를 우려하는 구직자들이 상당한 것으로 나타났다.

정부 정책인 최저임금 인상으로 인해 너무나 빠른 속도로 프랜차이즈/외식업계가 변화되고 있기에 이 업계에서 일하는 나로서는 심히 걱정이 된다. 하지만 사업을 준비하는 예비 창업자들에게는 최초부터 사업 설계와 인건비에 따른 수익성을 고려해서 준비할 수 있는 근간이 될 것이라고 생각한다. 앞으로 어떤 방향으로 전개될지는 장담하기 이르나 업계의 전문가로서 예상해본다면 외식업은 앞으로 간편식의 발달과 운영이 편리한 업종이 더욱 성장할 것이라고 판단된다.

41.

"치솟는 임대료만큼 위로 올라가는 외식 프랜차이즈. 인지도, 선호도 좋으면 위치 영향 덜 받아."

얼마 전 이런 기사를 접했다. 치킨과 저가 햄버거로 패스트푸드에 새 역사를 쓴 브랜드와 서울·수도권 중심 커피숍·디저트카페 등에서 2층 가맹점 증가세'가 나타나고 있다는 것이다. "2층이 답이다"라고 외치며 1 층이 아닌 2층에 매장을 여는 외식 브랜드가 늘고 있다. 임대료 부담이 커진 데에다가 최저임금 인상으로 수익성이 낮아지자 가맹점주들이 2층 점포를 대안으로 삼으면서 일어난 현상이다. 2층은 같은 상권이라도 1층 에 비해 임대료가 저렴하다. 수도권 유명 중심가의 경우 1, 2층 간의 월 임대료가 2배 이상 차이 나는 경우도 흔치 않게 볼 수 있다.

예전 내가 근무했던 놀부NBG의 경우만 봐도 1층 임차료가 너무 비싸 수익성 부분에서 2층 입점을 전략적으로 출점하였다. 물론 2층이라고 해도 엄격한 기준과 잣대는 분명히 있다. 예를 들어 2층 입점 시에는 반드시 전면에 위치하여야 하며, 외부에서 보는 가시성이 좋아야 한다. 1층에 비해 상대적으로 접근성이 낮아 1층 대비 60~70%의 고객 유입이 되기에 가시성만큼은 최대한 살려 전면에 노출하고, 1층보다 2배는 넓고 설비가 좋아야 하며, 상권은 중심상업지상권보다 주거복합상권 및 주거밀집상권으로 입점을 한다. 그 이유는 상업지는 외부에서 오는 고객이 대부분이지만 주거지 중심의 상권은 단골 위주의 고객이기에 처음에만 홍보를 잘하면 품질과 서비스로 매출을 올릴 수 있어 기대 매출이 더 높기 때문이다. 하지만 들어오기 편한 1층에 비해서는 분명 핸디캡이 있는 건 사실이다. 또한 계단 위치, 건물에 입점한 유명 브랜드와의 시너지 등도 고려 대상이다.

치킨/햄버거를 주메뉴로 운영하는 '맘스터치'는 2019년 상반기 기준 전국 1,182개 매장 중 15% 수준인 170개 점포가 2층 이상에 위치했다고 한다. 특히나 임차료가 비싼 서울·경기권 매장이 전체 2층 매장 중 4분의 1 수준인 40개로 가장 많았다. 2층 점포는 최근 계약하는 가맹점일수록 비중이 높아지고 있는 상황이다. 점점 임대료가 천정부지로 올라가고 최저임금이 매년 오르면서 임대료 부담이 큰 1층 대신 2층 매장을 전략적으로 선택하는 가맹점주가 늘어나고 있다. 맘스터치는 2층 매장 수요가 앞으로 더 늘어날 것이며, 특히 임대료가 비싼 서울·경기권에서 이 같은 움직임이 점차 확산될 것으로 내다봤다.

과거 2000년 중반에 내가 직접 운영한 감자탕 프랜차이즈인 이바돔 감자탕 같은 경우는 유아 놀이시설을 갖춘 초대형 매장을 다수 운영하고 있었다. 이러한 고객 편의 시설을 갖추기 위해 중심 상권에 100평 이상의 대형 매장 비중이 높은 이바돔 감자탕 역시 2층 매장에 입점한다. 건물의 2층 전체를 매장으로 운영하기에 가시성과 편의성만큼은 1층 어느 식당에 비교해도 손색이 없다.

오히려 1층의 중형 매장에 입점했을 때보다 브랜드가 더 성장했다고 봐도 과언이 아니다. 이바돔 감자탕은 영등포, 인천 등 놀이시설만 50평 이상인 매장도 있었고, 고기구이 프랜차이즈인 교대이층집은 브랜드 네이밍처럼 실제 2층에 자리한 점포가 많다. 직관적으로 보이는 '이층집'이라는 네이밍을 걸고 운영하기에 소비자의 흥미도 유도했던 것이 시장에 좋은 소구점이 되었다. 외식뿐 아니라 커피전문점과 디저트카페도 2층 이상의 점포를 활용하는 곳이 많다.

유명 커피 프랜차이즈는 이미 번화가 상권에 2층 점포를 운영하고 있으며, 유명 팥빙수전문점도 2층 점포 비중이 높은 편이다. 이처럼 2층 매장이 임대료 부담을 덜어주지만 모든 브랜드에 적용 가능한 것은 아니다. 현재 내가 소속된 이연에프엔씨는 실제로 2층 입점 시 1층의 60~70%

수준의 매출을 올리고 있다. 투자비는 1층에 비해 부동산 권리금/보증금은 저렴할 수 있으나 커진 평수만큼 시설비가 들어가기에 수익률 부분에서 크게 도움이 되지 않는다고 판단된다. 그 때문에 2층 출점은 '출점심의 위원회'에서 부결될 가능성이 높다. 업종에 따라 브랜드 선호도/인지도 및 상권 유형, 입지 기준에 따라 분명 달라진다는 것을 명심해야 한다.

현시대 외식 프랜차이즈는 현재 발생한 임대료 상승 및 최저임금인상으로 인하여 과거에는 PC방, 당구장, 미용실 위주였던 2층 매장에 관심을 갖는 브랜드가 늘고 있다는 게 현실이다. 종합하자면 인지도가 낮은 브랜드는 2층 입점을 권하지 않는다. 다만 인지도와 선호도가 높은 경우에는 2층에서도 통할 수 있다. 그 경우 2층의 입점 기준에 대해서 반드시 체크해야 한다. 하지만 브랜드 정체성이 명확하고 소비자들의 브랜드 인지도가 높을 경우에는 굳이 1층이 아니더라도 성공적인 운영이 가능하다는 것일 뿐, 1층보다 2층이 좋다는 의미가 아니란 점을 잊지 말아야 할 것이다.

42.

'같은 브랜드, 다른 메뉴' 프랜차이즈의 무한 변신

얼마 전 고객과의 약속으로 합정동에 있는 주상복합몰에 미팅을 하러 간 적이 있었다. 해당 입지에는 대형 쇼핑몰과 고가의 주거지가 어우러져 있고 지하철역이 연결되어 있는 말 그대로 A급지였다. 해당 상권에서 패밀리 레스토랑을 이용하기로 하여 대기업에서 운영하는 패밀리 레스토랑인 빕스(합정역점)에 가게 되었는데, 작년에는 보지 못했던 이색적인 공간을 보게 되었다. 그건 바로 아이스크림바였다.

주 소비자가 20대인 매장이다 보니 아이스크림바에 고객이 빼곡히 줄을 서 있는 풍경이 연출되었다. 매우 특색 있는 경험이어서 그 후 가족들과 다른 지역의 매장에 갔을 때도 아이스크림바를 찾아보았는데, 이 매장에는 설치되어 있지 않았다. 이상하게 생각되어 물어보니, 점원은 현 매장에서는 취급하지 않는 운영이며, 최근에는 상권에 따라 운영이 조금씩 다르다고 설명했다. 합정역점 외에도 20여 종의 수제 맥주를 즐길 수 있는 매장과 디저트를 강화한 매장, 피자·파스타 메뉴를 특화한 매장 등 상권별 특성을 고려한 맞춤형 매장을 점차 늘려 가고 있다고 한다.

프랜차이즈의 원리상 통일성이 가장 중요한데 왜 가지각색으로 운영을 하는 걸까? 의문이 생긴 나는 좀 더 깊게 알아보았다. 앞에서 빕스의 직원이 이야기해준 것처럼 최근 외식업에서는 상권에 따라 맞춤형으로 고객 니즈를 반영하는 업종이 늘고 있으며, 변화를 준 브랜드 관계자에 따르면 특화 매장의 경우 일반 매장보다 2배나 많은 신규 고객 유입 효과를 거두고 있다고 한다.

사실 스타벅스가 국가, 지역에 따라 인테리어를 지역 분위기에 맞춰 오픈하는 건 보았지만 이렇게 메뉴와 운영이 다른 구조는 처음이었기에 조금 낯설었지만 내가 봤을 때는 현시대에 맞는 구조가 될 거란 생각이 강하게 들었다. 내가 소속되어 있는 기업 브랜드에서도 상권에 맞춰 메뉴를 선별하고 운영하는 시스템을 도입했다. 레스토랑같이 대형은 아닌 중소형 한식이지만 철저히 고객의 니즈에 맞는 운영을 택하게 되었다. 하지만 메인 메뉴와 기본은 유지하되 해당 지역의 특성과 이용 고객 특색에 맞춰 운영하는 게 포인트다.

제주도 같은 경우는 주로 관광객을 대상으로 하고 있으며, 물류비가 타 지역에 비해 비싸고 식자재 유통도 제한적이다 보니 가격이 타 지역 대비

10% 정도 비싸게 운영되고도 있으며, 관광지, 대형 쇼핑몰, 휴게소 등 차별화된 운영 방법으로 고객과 소통하고 있다.

운영 방식에서 깜짝 놀란 적이 또 있다. 한식 뷔페 브랜드인 '자연밥상'을 이용하였을 때였다. 한식 뷔페 브랜드 특성상 어른들의 입맛에 맞는 한식 메뉴들만 가득했던 매장에 초콜릿 분수와 와플, 핫도그, 피자 등 아이들이 좋아하는 간식이 자리를 차지하고 있었다. 현 상권은 주거밀집 지역으로 가족 단위 외식이 주로 이용되는 상권이기에 이 같은 변화를 주었고, 이런 운영 전략이 적중했다고 본다. 또한 다른 지역 매장 중 최근 오픈한 서울 롯데몰 은평점에서는 '키즈존'을, 홈플러스 중계점에서는 동네 고객의 취향을 적극 반영한 '우리 동네 스페셜' 코너를 마련하여 맞춤형 운영 전략에 힘을 더했다.

그리고 좀 더 파헤쳐보니 국내 굴지의 피자 브랜드도 최근에 지역 맞춤형으로 운영이 바뀌고 있다는 사실을 알았다. 지난 2018년부터 일부 매장을 중심으로 여러 메뉴를 만원 안팎에 즐길 수 있는 뷔페 시스템을 도입해 운영 중이다. 메이저 브랜드가 단돈 1만 원에 뷔페 영업을 하다니, 정말 파격적인 영업 전략이었다. 아무리 배달문화의 대중화와 함께 1인 가구 증가로 가성비 뛰어난 냉동 피자 시장이 급성장했다지만, 국내 대형 피자전문점이고 다이닝 형태도 겸비한 피자 브랜드 매장에서 이런 영업 전략을 낸 것이 내게는 매우 신선하게 다가왔다.

이외에도 매장의 특색에 맞춰 매장을 변화시켜 운영하고 있는 매장들이 많이 있었다. 상권에서는 직장인들이 많이 찾는 상권에서는 디너 뷔페 이용 시 2,000원만 추가하면 맥주를 무제한 제공하고, 여대생 고객이 많은 상권은 디저트 메뉴를 강화했다. 또 어린 자녀를 동반하는 고객의 비중이 높은 주거 신도시 상권의 한 중식당에서는 어린아이도 좋아할 만한 탕수육 소스를 자체 개발하여 새 메뉴로 추가했다.

예측건대 매장을 찾는 고객들이 갈수록 줄어들기 때문에 가성비 좋은 메뉴를 만듦으로써 매장 방문객을 늘려 매출을 끌어올리겠다는 전략이고, 특히 철저한 상권 분석을 통한 지역별 맞춤형 시스템으로 고객들의 재방문을 유도하기 위한 전략이다. 나의 관점으로는 과거에는 평준화된 맛과 서비스가 대기업 외식 브랜드의 강점이었다면, 이제는 다양한 맛과 경험이 매력적인 구매 요소로 작용하고 있다고 본다.

또한 최근 경기 불황과 1인 가구 증가, 가정간편식의 폭발적 성장 등으로 어려움을 겪는 외식업계가 이러한 경기 침체를 이겨 내기 위해 상권별 맞춤형 매장을 늘리는 방식으로 무한 변신을 시도하고 있다. 기존의 통일성을 갖춘 시스템을 적용한 평준화 전략에서 벗어나 맞춤 메뉴로 빠르게 변하는 소비 트렌드에 대응하는 모습이 너무나 놀랍다.

앞으로 외식업 프랜차이즈의 맞춤 매장 확대가 더 늘어날 것이라고 조심스레 예측해본다. 경기 불황 속에 소비자 입맛은 다양해지고 가정간편식은 점차 발달하면서 그동안 국내 외식시장을 이끌던 대기업 외식 브랜드들도 타격을 입고 있다. 고객의 발길을 모으기 위한 외식 매장들의 변화의 몸부림은 계속될 수밖에 없을 것이다. 이에 예비 창업자들은 고객 분석에 비중을 크게 두고 상권 분석을 철저히 하여 창업을 준비해야 할 것이다.

43.

재미있는 글귀를 보았다. 식당을 창업하면 제일 먼저 망하는 직업군에 대한 이야기였다. 1등은 경리 출신이라고 한다. 이유는 식당 운영을 숫자로만 관리해서 식자재비를 줄일 생각부터 먼저 하기 때문이라는 것이다. 더 재밌는 건 이를 뛰어넘는 운영자가 바로 호텔 주방장 출신의 창업자라는 것이었다.

누구보다 메뉴에 대해 자세히 알고 구성비를 잘하고 품질에 대한 깊이가 있음에도 불구하고 망하는 이유는 무엇일까? 명확히 정의 내리기 어려운 여러 가지 이유가 있을 것이다. 짐작하자면, 생산자 입장의 관점과 소비자의 관점이 다르기 때문이라고 본다. 소비자가 생각하는 가격대와 품질 그리고 서비스가 있는데, 거기에 맞추지 못하고 운영자가 아직도 자신이 호텔 주방장인 것처럼 생각해서 해당 상권에 맞지 않는 호텔 요리 수준의 가격과 품질을 고집하여 실패하는 경우를 많이 봐왔다.

최근 디저트 열풍으로 프랜차이즈보다 트렌디하고 유니크함을 선호하는 소비자가 늘어 베이커리가 호황을 이루었다. 하지만 파티쉐와 달리 셰프 출신들은 창업이 어려웠다. 또 자신의 요리를 작품이라고 보는 셰프들은 가격을 낮추는 걸 굉장히 자존심 상해하기에 더욱 시장에서 프랜차이즈화하기 어려운 거 같다.

한국에는 이런 말이 있다. '대한민국에는 덤 문화가 있어서 퍼주는 장사는 망하지 않는다'는 것이다. 이 말에 동의하는가? 나는 일부 동의는 하나 지속성과 환경에 따라 다르다고 본다. 자, 그렇다면 속되게 말해 퍼주는 업종에 무엇이 있는지 알아보자.

뷔페, 무한 리필 가게, 샐러드바를 구성한 한식 등이 있을 것이다. 이 중 얼마 전까지 대히트를 쳤던 무한 리필 시장에 대해서 집중적으로 알아보자. 무한 리필 삼겹살 브랜드 엉○○생고기와 떡볶이 브랜드 두○라는 곳이 있다. 둘의 공통점은 1만 원이면 배 터지게 음식을 먹을 수 있다는 것과 10대 고객이 많다는 것이다. 이 두 가지 인사이트에 대박의 이유가 있다. 가령 운영주 입장에서 겨우 1만 원을 받고 고기를 계속 리필해주면서 남는 게 있을까 싶지만 남는 게 있으니 이렇게 장사를 하고 있지 않겠는가.

예를 들어보겠다. 한식 브랜드 평균 원가가 매출 대비 35~40% 사이에서 운영된다. 인건비는 최근 최저임금의 상승으로 매출 대비 23~25%로 운영된다. 거기에 임차료를 매출 대비 10%로 보면 관리비 제외하고 세전 이익이 된다. 이런 상황에 대해 어디선가 한 번쯤 듣거나 보고 배운 적이 있을 것이다. 그러나 이것만 기억하고 있다가는 앞에서 설명한 두 브랜드의 판매 방식을 이해하지 못할 것이다. 사실상 운영이 전혀 다르고 이익 구조가 다르기 때문이다.

이익 구조의 가장 큰 차이점은 매출을 박리다매를 통해 높인다는 것에 있다. 낮은 가격으로 인해 기존 한식 브랜드에서 유입하기 어려운 10대층의 고객을 50% 이상 추가로 유입시켜서 매출을 일반 한식 대비 1.5배 이상 높이고, 23~25%의 인건비가 나가는 한식 브랜드 대비 셀프서비스를 이용한 뷔페 구조로 운영함으로써 인건비를 15% 선으로 10% 정도 낮췄다. 대신 원가는 35~40%인 한식 브랜드 구조보다 10% 이상 높여 품질을 올렸다.

계산을 해보면 구조는 비슷하지만 매출은 높아지는 셈이다. 임차료 또한 비슷하다. 위에서 언급한 두 브랜드는 값비싼 1층보다는 같은 가격 대비 평수가 큰 2층으로 입점하는 것을 선호한다. 경쟁력 있는 가격대이고 충분히 고객을 유입시킬 수 있기에 가능한 것이다. 경기가 안 좋아지면 항상 무한 리필 매장이 대거 등장한다. 나오면 대박을 치고, 대박을 치면 유사 브랜드들이 진입하는 상황이 반복된다. 여기서 예비 창업자들은 올바른 선택을 해야 한다. 박리다매, 즉 퍼주면 흥하는 건 맞다. 하지만 얼마나 오랫동안 유지되고 잘 운영될지는 운영자의 몫이다. 품질 좋은 서비스가 따라가야지 가격만 낮춘다고 고객이 오지는 않는다. 고객을 끌어모으기 위해서는 원재료의 원가 상승도 항상 감안하고, 효율적인 운영 구조도 고민해야 한다.

이러한 박리다매 이익 구조의 매장의 가장 큰 리스크는 내 매장 옆에 더 낮은 가격으로 판매하는 경쟁점이 생기는 것이다. 이 점을 항상 염두에 두어야 한다. 경쟁점과의 가격 경쟁으로 인해 품질을 낮추면 결국 싼 게 비지떡이라는 소리를 듣게 될 것이고, 이는 매출 하락으로 이어지게 된다. 어떻게 하면 가격이 싸면서도 품질 좋은 음식을 제공할 수 있을지 끊임없이 고민하고 방법을 찾아야 한다. 가장 흔한 말이지만 가장 지키기 어려운 부분이다. 서두에 말한 대로 이익을 먼저 계산해서 운영하는 경리 출신 운영자처럼도, 주방장 출신처럼 생산자 관점에서만 운영해서도 안 된다. 어떤 업종을 하든지 내가 하는 상권의 경쟁 강도와 소비자 수준까지 모두 고려해야 한다.

44.

일코노미 소비자를
잡아라

2019년 통계청이 발표한 국내 1인 가구 수는 2017년 기준 전체 가구의 약 28%에 해당하는 560만여 가구에 달한다고 한다. 이는 2000년도의 220만여 가구에 비해 2.5배 이상 증가한 수치로 향후 2025년에는 31.9%까지 증가할 것으로 추산되고 있다. 특히 1980년에서 2000년대 초반 출생한 밀레니얼세대는 1인 가구 중에서도 30%의 비중을 차지하고 있는 것으로 나타났다. 이미 외식업계에서는 1인식에 대한 간편식 개발에 전념하고 있고, 프랜차이즈 업계에서는 1인식 배달상품과 각종 메뉴를 출시하기에 이르렀다. 특히나 매장 내부 동선에서 1인 테이블을 설치하는 게 필수 사항이 되었다.

특수상권을 이용하는 소비자도 주목해보자. 우선 특수상권은 많은 외식 예비 창업자들에게 인기가 높다. 특수상권은 백화점, 대형마트, 쇼핑몰, 대학교, 극장, 공항, 터미널, 기차역 등이 포함되어 있는 일반적으로 유동 인구가 많고 접근성이 뛰어난 특별한 상권을 의미한다. 나의 컨설팅 경험에 의하면 입지가 좋은 특수상권에 창업하게 되면 일반상권 투자비 1/4 정도만 투자해도 일반 상권과 같은 매출을 내었다. 하지만 목이 좋은 특수상권은 수수료가 매출액의 20~30%에 육박한다. 그렇기 때문에 수익률을 철저하게 검토하고 창업해야 한다.

최근 외식 업종이 특수상권에 많이 입점하다 보니 특수상권 전용 콘셉트 모델도 나오고 있고, 같은 브랜드라 할지라도 상권에 따라 메뉴를 축소하거나 새롭게 개발하여 변화를 주기도 한다. 또한 특수상권을 이용하는 소비자가 고민하지 않고 쉽게 메뉴를 선택할 수 있도록 세트 메뉴를 구성하는 것이 필수 요소가 되어 가고 있다. 특히나 가족 단위로 많이 오는 쇼핑몰이라면 더욱더 효과적이다. 특수상권에 입점하는 외식 업종이 프랜차이즈 브랜드라고 하더라도 가족 중심의 구매가 이뤄지는 특수상권에 맞는 메뉴를 별도로 개발하여 판매하기도 한다. 프랜차이즈는 기본적으로 통일성을 기반으로 하지만 앞의 글에서 언급하였듯이 특수상권은 예외를 두고 운영하고 있다.

또한 주말에 호황인 특수상권에 입점한 한식 브랜드에 메뉴 구성이 많아지면 소비자에게 불편함을 줄 수 있다. 단순하게 보면 소비자에게 선택권을 주어 경쟁력을 갖추는 면도 있지만 반대로 운영하는 입장에서 보면 다양한 메뉴의 주문으로 인해 주방이 혼란스러워지기 때문에 종업원들의 근무 만족도는 말 그대로 바닥으로 떨어지게 된다. 주방이 제대로 돌아가지 않으면 요리가 제때 나오지 않게 되고, 이는 오래 기다리는 것을 싫어하는 소비자들의 불만을 야기한다. 이러한 상황이 반복되면 점점 매출이 하락하게 된다. 그러므로 해당 상권의 소비자들의 니즈가 무엇인지 파악하여 메뉴를 다양화할 것인지, 메뉴의 가짓수는 적지만 품질로 승부를 걸 것인지, 다양화하겠다면 주방에서 그것을 감당할 수 있는 숙련도가 충분하지 등을 점검해야 할 것이다.

내가 컨설팅하는 국밥 브랜드인 육수당 또한 최근 혼밥에 맞는 메뉴 개발과 배달/포장에 경쟁력 있는 메뉴를 출시하고 있고, 직영점에서도 많은 테스트를 하고 있는 상황이다. 더욱이 일반 로드숍에서 특수상권에 입점을 하기 시작했다. 최근 특수상권에 용인에 육수당을 오픈한 K씨의 창업 과정을 공유해보겠다. K씨는 미국에서 중대형 식당을 경험한 적이 있는 예비 창업자였다. 그는 최초 '한촌설렁탕'의 가맹점을 열기 위해 용인 지역에 점포를 물색하던 중이었지만 아직 이렇다 할 마음에 드는 점포를 구하지 못하는 상황이었다.

그러던 어느 날 K씨가 본사 담당 점포개발팀장에게 연락을 했다. 본인이 직접 찾은 터미널 내부에 있는 점포의 상권 분석을 의뢰하기 위해서였다. 특수상권이고 권리금이 없던 상황이라 급하게 당일 상권 분석을 요청하였으나, 해당 팀에 이미 스케줄이 있어 갈 수 있는 상황이 아니었다. 그리하여 팀원들의 기초 조사도 없이 내가 직접 상권 분석을 나가게 되었다. 나는 상권 분석 전에 조사 대상지에 대한 기초 자료를 취합하여 최대한 객관적인 데이터에 기반한 자료와 체크리스트를 작성해 현장에 나가는 것을 원칙으로 삼고 있었다. 하지만 이번 의뢰는 하나의 점포에 여러 매수자가 달라붙은 시급한 상황이었기에 사전 조사를 하지 못하고 바로 현장 조사에 나서게 되었다. 해당 입지는 광역버스터미널이라는 특수성으로 인해 유동 인구가 많았고, 대합실에는 버스 시간을 기다리는 승객들로 가득 차 있었다. 때문에 터미널 점포에 입점한 대부분의 매장들이 성업을 이루고 있었다. 하지만 아쉽게도 후보 점포는 실제 면적이 20평 남짓으로, 통상 35평 이상 되어야 적정 수준의 매출과 효율을 기대할 수 있는 한촌설렁탕 브랜드로는 출점이 어려웠다.

그래서 다양한 메뉴를 지니고 있으면서 콤팩트한 국밥전문점인 육수당으로의 브랜드 전환을 권했다. 그 첫 번째 이유는 배차 시간 단위가 고정되어 있기에, 빠르게 식사를 하고 차를 탈 수 있도록 조리와 배식이 원활한 시스템이 필요하다는 것이고, 두 번째 이유는 승객뿐 아니라 터미널 내부 상시근로자도 주된 고객으로 할 수 있기에, 한정된 메뉴로 진부함을 주기보다는 다양한 메뉴를 제공할 수 있는 브랜드가 더 나을 것이라고 판단했기 때문이었다. 상권 분석의 결과는 육수당 브랜드 출점에 최적화된 상권이라는 평가였다. 육수당 브랜드를 운영하는 이연에프엔씨는 출점 과정에서 점포 심사 절차가 까다로운 편이다. 담당자의 현장 조사 결과를 토대로 대표와 임원이 연석해서 진행하는 '출점심의위원회'를 통과해야지만 가맹계약이 가능하다.

고민거리는 생각지도 못했던 지점에서 튀어나왔다. 출점심의 과정에서 대표이사가 매장 내에 '1인용 테이블'을 적극적로 활용해 보자고 제안한 것이다. 버스터미널의 특성상 1인 고객의 비중이 높았기에 충분히 고민해 볼 가치가 있는 제안이었다. 하지만 육수당 브랜드 자체적으로도 처음 시도하는 케이스였기에 점주와 협의를 통해 방안을 확정하기로 했다. 하지만 점주의 선택은 본사의 제안과 반대 지점에 있었다. 1인 테이블을 80% 이상 배치한 레이아웃과 기본 4인 테이블을 80% 이상 배치한 레이아웃 중 점주는 후자를 택한 것이다.

나는 너무 아쉬운 마음에 예비 점주에게 "왜 1인 소비자가 많은 상권에 4인 좌석 테이블로 이뤄진 기본 모델을 선택하셨는지요?"라고 재차 질문을 했다. 그러자 K씨는 오히려 대수롭지 않다는 듯 "좌석 수가 많아야 손님을 많이 받을 수 있을 것 같아서요. 과연 사람들이 혼자 와서 밥을 먹을지도 확신이 안 서고요. 저는 혼자 밥을 먹는 게 어색해서 주로 김밥을 사서 차에서 먹어요."라고 대답했다.

아뿔싸, 의뢰인이 너무 안일하게 생각하고 있었다. 나는 업계 흐름과 각종 정보, 언론 기사, 그리고 내가 경험한 모든 것을 다 끄집어내서 설득했지만 이미 미국에서 식당 경험이 있던 분이어서 그런지 고정관념이 있어서 설득이 어려웠다.

결국 가맹점주의 요청에 따라 기본 모델로 오픈하게 되었다. 물론 입지의 힘과 신규 오픈이라는 점, 메뉴의 다양성으로 인해 매출은 예상만큼 나오기 시작했다. 그러나 한 달 후 매장에 방문하게 되었는데 매장에서는 4인 테이블에 앉아 '혼밥'을 하고 있는 손님들이 많았다. 매장은 너무나 비효율적으로 돌아가고 있었다. 회전율은 높았지만 1인 고객이 많다 보니 테이블 비효율적 배치로 인해 고매출을 올리기에는 한계가 있었다. 또한 테이블 합석을 싫어하는 요즘 시대에 손님에게 합석을 권하는 건 큰 결례가 될 수 있기에 그런 제안은 하지 말라고 미리 점주에게 컨설팅을 한 상황이었다. 게다가 다시 공사를 하게 되면 운영의 흐름도 끊기고, 막대한 손실을 보기에 인근 주거지 대상으로 배달 활동을 권하고 안타까운 마음으로 돌아왔다.

　　현시대에는 일코노미(1인+economy)라는 합성어가 생길 정도로 1인 소비자가 가진 영향력이 매우 크다. 어떤 장사를 하더라도 1인이 편하게 식사할 수 있는 설계를 할 필요가 있다. 이제는 세상이 변했다. 그에 맞게 외식업뿐 아니라 소매업도 변하고 있고 유통업도 변화하고 있다. 흐름에 따라가되 나만의 차별화된 전략을 찾아야만 성공할 수 있다.

나는 회사 그만두고 내 가게로 출근한다

예비 창업자의 실패를 막는
전문가의 조언

부록 1　예비 창업자 자가진단 체크리스트

자가진단			결과 (✓)		
분류	항목	진단 내용	양호	보통	미흡
창업자 역량	창업 의지	창업에 대한 적극적 실행 의지가 있는가?			
	관리 능력	창업에 대한 명확한 목표 수립이 되어 있는가?			
		창업 과정과 창업 이후의 위험을 감수할 수 있는가?			
	기술 수준	동종 업종의 근무 경험 및 조리 지식을 확보하고 있는가?			
	인력 확보	출점에 필요한 핵심 인력과 네트워크를 확보했는가?			
	신뢰성	신용 관리 상태가 양호한가? (연체, 체납, 신용규제 등)			
시장성	고객 확보	목표 고객이 설정되어 있으며, 고객 확보가 가능한가?			
	시장 진입	시장의 긍정 요인 및 시장 진입 가능성이 높은가?			
	접객 계획	매장 운영 및 LSM계획이 구체적으로 수립되었나?			
	비교 우위	경쟁 점포에 비해 차별화(서비스)된 경쟁력이 있는가?			
사업성	사업 준비	소요 자금 규모 산정과 조달 계획이 수립되어 있는가?			
	매출 실현	고객층을 확보하여 예상 매출을 실현할 수 있는가?			
	수익 전망	매출 수익으로 초기 투자금을 적기에 회수할 수 있는가?			

인허가 신고 체크리스트

1. 식품 접객업

1) 일반(휴게) 음식점 영업 신고 체크리스트

구분	구비 서류	획득 방법	체크리스트
1	위생교육수료증	(사)한국외식업중앙회 홈페이지 온라인 교육 (www.foodservice.or.kr)	
2	건강진단 결과서 (구. 보건증)	인근 보건소 민원봉사실 '제증명 발급신청'	
3	점포 임대 계약서	–	
4	신분증	–	
5	안전시설 등 완비증명서	LPG 사용 시 가스안전공사 명의 '액화석유가스 사용시설 검사필증' 신청	
6	소방 방화시설 완비 및 화재배상 책임보험 의무 가입	2층 이상, 바닥 면적 100㎡(약 33평) 이상 시, 관할 소방서에 완비증명 신청	

▶ 상기 구비 서류 완비 후, 관할 지자체 구청(시청) 위생과에 방문하여 신고. – 수수료 : 28,000원

2) 식품 접객업(휴게, 일반, 단란, 유흥) 지위 승계(명의 변경) 신청 체크리스트

구분	구비 서류	획득 방법	체크리스트
1	영업자 지위승계 신고서	관할 지자체 구청(시청) 위생과	
2	양도양수서	양도자는 반드시 인감 날인, 양수자는 일반 도장 및 서명 가능	
3	양도자 인감증명서 1부		
4	양수자 위생교육필증 사본	(사)한국외식업중앙회 홈페이지 온라인 교육	
5	구 영업 신고(허가)증 반납	LPG 사용 시 가스안전공사 명의 '액화석유가스 사용시설 검사필증' 신청	

▶ 상기 구비 서류 완비 후, 관할 지자체 구청(시청) 위생과에 방문하여 신고. – 수수료 : 9,300원

3. 유흥 주점업 영업 신고 체크리스트

구분	구비 서류	획득 방법	체크리스트
1	위생교육수료증	(사)한국외식업중앙회 홈페이지 온라인 교육	
2	건강진단 결과서 (구. 보건증)	인근 보건소 민원봉사실 '제증명 발급신청'	
3	학교 환경 위생정화위원회 심의필증	관할 교육청 사회교육체육과	
4	수질 검사 성적서	지하수 사용시, 관할 지자체 환경담당 공무원 입회하 채취 검사	
5	점포 임대 계약서	–	
6	신분증	–	
7	안전시설 등 완비증명서	LPG 사용 시 가스안전공사 명의 '액화석유 가스 사용시설 검사필증' 신청	
8	소방 방화시설 완비 및 화재배상 책임보험 의무 가입	2층 이상, 바닥 면적 100㎡(약 33평) 이상 시, 관할 소방서에 완비증명 신청	

▶ 상기 구비 서류 완비 후, 관할 지자체 구청(시청) 위생과에 방문하여 신고. – 수수료 : 28,000원

2. 사업자등록 신청 체크리스트

구분	구비 서류	획득 방법	체크리스트
1	사업자등록 신청서 2부	관할 세무서 민원봉사실 비치	
2	〔일반〕 주민등록등본 2부 〔법인〕 법인등기부등본 1부	양도자는 반드시 인감날인, 양수자는 일반 도장 및 서명 가능	
3	사업허가증 혹은 신고증 사본 1부	–	
4	임대차 계약서 사본 1부	–	

▶ 사업자등록은 사업을 개시한 날로부터 20일 이내에 구비 서류를 완비하여 관할 세무서에 신청하여야 한다.

▶ 사업자가 사업을 개시하기에 앞서서 상품을 구입하거나 시설 투자를 하고자 하는 경우, 매입 시 부담한 부가세 환급을 위해서 미리 신청을 할 수 있다.

상권 및 입지 분석

1. 공개 정보를 통한 기초 상권 분석
① 소상공인진흥공단 상권 정보(http://sg.sbiz.or.kr)

why? 출점 후보지를 기점으로 하는 배후 상권의 기초 정보를 수집하는 데 목적이 있다.

② 유효 지표별 수집 목적

유효 지표	수집 목적
ⓐ 배후지 주거 인구	·해당 상권의 구매력 총량을 판단하는 1차 지표. ·세부 항목으로 '주거 인구의 성별', '연령 분포', '배후지 주거 형태'를 파악할 수 있다.
ⓑ 배후지 유동 인구	·통신사 통화량 DB를 바탕으로, 해당 구획을 50㎡ 단위 셀로 나누어 출입되는 인구 수를 추정한 값. ·세부 항목으로 '시간대별 유동 발생 비율', '요일별 유동 발생 비율'을 파악할 수 있다.
ⓒ 배후지 직장 인구	결제 정보 나이스지니 DB를 기준으로 하는 값. 세부 항목으로 '직장 인구의 성별, 연령 분포'를 볼 수 있다.
ⓓ 상권 내 매출 유형	선택 업종의 '요일별', '주중/주말 비율', '시간대별 매출 발생 빈도'를 파악할 수 있다.
ⓔ 지역 분석	상권 내 주요 시설물(공공기관, 학교, 금융기관, 의료시설, 유통, 문화, 숙박, 교통) 정보를 볼 수 있다.

③ 유효 지표별 접근 방법

ⓐ 주거/유동/직장 인구 정보

ⓑ 상권 내 매출 유형 정보

ⓑ-1 요일별, 시간대별 비율

· 주중/주말, 요일별 매출 비율 (단위 : 만원)

업종 한식/백반/한정식 지역	구분	주말/주중 (일평균)		요일별						
		주말	주중	일	월	화	수	목	금	토
제1선택영역	매출액	389	336	381	343	404	305	282	349	396
	비율	53.6%	46.4%	15.5%	13.9%	16.4%	12.4%	11.5%	14.2%	16.1%

· 시간대별 매출 비율 (단위 : 만원)

업종 한식/백반/한정식 지역	구분	00 ~ 06시	06 ~ 11시	11 ~ 14시	14 ~ 17시	17 ~ 21시	21 ~ 24시
제1선택영역	매출액	91	96	485	163	1,037	587
	비율	3.7%	3.9%	19.7%	6.6%	42.2%	23.9%

ⓒ 지역 분석

ⓒ-1 주요 시설 정보

구분	지역	주요시설				집객시설			교통시설
		공공기관	금융기관	의료/복지	학교	대형유통	문화시설	숙박시설	
선택영역	제1선택영역	1	2	47	13	47	0	0	43

ⓒ-2 학교 시설 정보

구분	지역	대학교 학교수 (학생수)	고등학교 학교수 (학생수)	중학교 학교수 (학생수)	초등학교 학교수 (학생수)	유치원 학교수 (학생수)
선택영역	제1선택영역	0(0)	1(1,648)	2(3,832)	3(4,735)	7(1,191)

ⓒ-3 대중교통 시설 정보

구분	지역	노선구분	역명	일평균 승하차 인원		
				2016	2017	2018
선택영역	제1선택영역	서울2호선	역삼(서울2호선)	96,908	95,837	96,224

④ 특정 권역(점포) 매출 추정 방법

why? 조사 과정 참고가 필요한 경쟁 점포의 매출을 추정하는 방법 중 하나.
실제에 가까운 값을 도출하기 위해서는 해당 '업종' 카테고리를 명확히해야 한다.

예) 업종 카테고리를 선택할 때, 설렁탕 가게라고 할지라도 '한식, 해장국, 백반' 등의 카테고리로 등록
되어 있을 수 있다. 도출된 값과 실제 테이블 회전 수 등을 고려한 값 등을 종합해 근접한 값을 선택
하는 것이 중요하다.

상권 분석

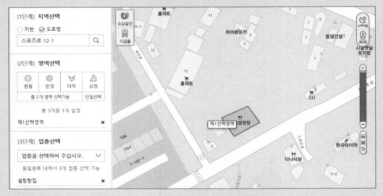

제1선택영역

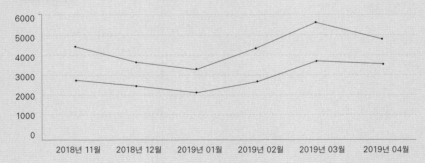

2. 현장 조사를 통한 실질 상권 분석

① 체크리스트를 활용한 지표 정량화

why? 조사 과정 중 수집한 자료를 특정 조건으로 정량화 하지 않으면,
평가자마다 다른 판단을 할 수 있다.

구분	기준	분류	배점 기준					배점
			10점	8점	6점	4점	2점	
상권 관련 (40% 비중)	상권 유형	주거 인구	6만 명▲	4만 명▲	2만 명▲	1만 명▲	1만 명▼	10
		직장 인구	6만 명▲	4만 명▲	2만 명▲	1만 명▲	1만 명▼	10
		유흥 지역 위치	100M▲	300M▼	500M▼	700M▼	700M▲	4
		학교 수(초,중,고 기준)	대학교+	4개	3개	2개	1개	10
		공단 및 생산 시설	300M▼	600M▼	900M▼	1.2KM▼	1.5KM▼	0
	환경	주차	20대▲	15대▲	10대▲	5대▲	5대▼	10
		주차장 형태	단독	50M▼	50M▲	지하 주차장	없음	4
		U턴 및 좌회전	점포 앞	100M▼	300M▼	500M▼	500M▲	6
		직접 경쟁점	없음	1개▲	3개▲	5개▲	7개▲	6
		집객 시설 수	4개▲	3개	2개	1개	없음	10

*소상공인상권정보시스템　　　　　　합계 28.8

구분	기준	분류	10점	8점	6점	4점	2점	배점
입지 관련 (40% 비중)	후보점 기준	전면 노출 상황(수목,고가)	100%	80%	60%	40%	20%	10
		가시성	3면 코너	2면 코너	전면 8M▲	전면 8M▼	기타	6
		위치	메인	대로변	골목	이면	기타	8
		횡단보도	50M▼	100M▼	150M▼	200M▼	200M▲	8
		교차로	100M▼	200M▼	300M▼	400M▼	400M▲	10

*FC 현장 답사　　　　　　합계 33.6

구분	기준	분류	배점 기준					배점
			10점	8점	6점	4점	2점	
임차 관련 (20% 비중)	기준	전용 면적(평수)	50평▲	40평▲	35평▲	30평▲	30평▼	6
		보증금	8천▼	1억 2천▼	2억▼	2억 5천▼	2억 5천▲	6
		권리금	5천▼	1억▼	1억5천▼	2억▼	2억▲	10
		임대료	400만▼	500만▼	600만▼	700만▼	700만▲	6

*현장 부동산　　　　　　합계 14

가점	자가건물	단독건물	옥탑광고	0

*해당 5점 추가 배정

총합계 76.4

참고 1) 해당 가상 평가값과 실제 운영값의 계정별 비교 분석을 통해, 각 항목별 가중치를 조정하여 체크 리스트 평가값의 신뢰도를 높일 수 있다. 이 경우 각 도출값을 비교해 볼 수 있는 모수 사례가 누적될 수록 신뢰도는 높아진다.

참고 2) 본 체크리스트의 신뢰도는 조사자의 객관성에 크게 영향을 받는다. 조사자는 현장 조사 과정에서 지표값을 임의로 작성하지 않도록 유의해야 한다.

② 입지 분석도 작성을 통한 상권 분석

why? 체크리스트에 기입할 수 있는 현장 정보를 기입한다. 주요 동선과 접근 용이성, 가시성 조사, 시간대별 실제 유동량, 주요 경쟁점의 퍼포먼스 등이 그 대상이 된다.

상권명	상권 분류	예정 점포명	체크리스트
시흥 정왕동 상권	주거복합	한촌설렁탕 시흥 정왕점	인천 논현점(5km) 안산 고잔점(10km)

배후 정보				
주거	직장	유동	피크 타임 조사 시간	통행량
52,902	8,618	24,337	14:00~14:30 (30′)	차량 108대 도보 221명

주요 경쟁 점포명		추정 매출
1	○○○정왕점	4,500만 원
2	○○깍두기	2,800만 원

공공	금융	의료	학교	대형 유통	숙박
8	12	62	13	106	5

주요 집객 시설	
1	시화종합병원, 유흥가
2	시화공단 및 배후 주거지

250

3. 상권 별 유형 분석

① 상권 유형의 정의

구분	정의
주거밀집 상권	아파트, 빌라, 다세대, 단독주택 등 주거 인구의 수가 직장 인구의 수를 80% 이상 상회하는 상권.
주거복합 상권	주거 인구와 직장 인구의 비율이 5:5~7:3 범위를 구성하는 상권. 연령층이 고르게 분포하는 특징이 있다.
오피스 상권	직장 인구의 수가 주거 인구의 수를 80% 이상 상회하는 상권.
교외 상권	차량 이용 고객의 비중이 도보 내점객의 비율을 8:2 이상의 비율로 상회하는 상권.
광역 상권	단순 지표를 통해 상권 형태를 특정하기 어려우나, 그 영향력이 광범위한 상권.
특수 상권	한정된 상권을 배후로 가지고 있거나, 일반 입지 유형이 아닌 경우에 적용.

② 상권 유형별 특징

구분	정의
주거밀집 상권	출퇴근 시간대 유동 인구가 높게 나타나고, 점심시간의 유동이 상대적으로 낮게 나타남. 주중/주말 매출비 균등.
주거복합 상권	출퇴근 시간대, 점심시간, 퇴근시간의 유동이 고루 나타난다. 주중/주말 매출비 균등.
오피스 상권	출퇴근 시간대 유동 인구가 높게 나타나고, 점심시간 통행량 급증. 주말 매출이 주중에 비해 현저히 낮음.
교외 상권	차량 동선상의 배후 시설물, 관광지 등 집객 시설 의존도 높음. 날씨 등 환경 요인에 따른 매출 변동 폭이 큼.
광역 상권	지역 내 대표 상권이 가지는 유효성을 수렴한다.
특수 상권	백화점, 몰, 병원, 역사 등 한정된 권역을 배후로 하는 상권.

1. 상권 개요

상권명	상권 분류	예정 점포명	체크리스트
시흥 정왕동 상권	주거복합	한촌설렁탕 시흥 정왕점	인천 논현점(5km) 안산 고잔점(10km)

배후 정보				
주거	직장	유동	피크 타임 조사 시간	통행량
52,902	8,618	24,337	14:00~14:30 (30′)	차량 108대 도보 221명

주요 경쟁 점포명		추정 매출
1	○○○정왕점	4,500만 원
2	○○깍두기	2,800만 원

공공	금융	의료	학교	대형 유통	숙박
8	12	62	13	106	5

주요 집객 시설	
1	시화종합병원, 유흥가
2	시화공단 및 배후 주거지

2. 물건 개요(기본)

주소		
경기 시흥시 정왕대로 78, 1층(38평)		
현재 상호		
○○○가마솥순두부		
입점 형태		
5층 상가 건물 가운데 1층 내측 코너		
면적	보증금	임차료
전용 38평	4,000만 원	280만 원(VAT 별도)
권리금	관리비	주차장
-	약 30만 원	건물 공용+노상 공영
가스 형태	전기 용량	상하수도
도시가스	20kw	PASS
특이사항		
1	시흥 정왕동, 시화공단 최인접 상권	
2	유흥가 초입, 종합병원 인접	
3	현 매장 매출 월 3,800만 원 수준	

2-1. 물건 개요(주변 상권 상세)

3. 추정 예상 매출(단위: 원)

직접 경쟁점 매출 평균값	예상 매출 LOGIC값	유사 가족점 매출값	RFC 예상 매출	비고
약 45,000,000	약 40,000,000	–	약 55,000,000	좌석 16테이블(3인 만석) *3.5회전(주거밀집 ₩11,200)

4. 손익P&L 및 투자자본수익률ROI

구분	세부 내용	금액(단위: 원)	비고
부동산	보증금	40,000,000	–
	권리금	–	–
점포 공사	인테리어	15,000,000	
	간판 및 시안물	10,000,000	
	주방 기기/기물 일체	10,000,000	
	의탁자	8,000,000	–
	별도 공사	10,000,000	–
경비	가맹비	15,000,000	–
	교육비	5,000,000	–
	메뉴얼 제공비	–	제주 현지 업체 조달
	오픈 패키지 및 기타	5,000,000	유니폼, 소모품 등
	계약이행보증금	–	보증보험 대체
총 투자금	–	±78,000,000	–

254

구분	예상 매출	비율(%)	비고
총매출	55,000,000	100%	
부동산 임관리비	3,380,000	6.15%	임대료+관리비(VAT포함)
식자재	22,000,000	40%	로열티 3% 포함
인건비	13,750,000	25%	
경상비	5,500,000	10%	
총 지출액	44,630,000	81.15%	
순이익	10,370,000	18.85	
ROI	13.3		–

신규 매장 경영 시나리오

1. 상권 분류 및 특성

상권의 분류는 대상지역의 주거인구, 직장인구, 유동인구의 구성비율에
따라 분류 할 수 있다.

1) 주거밀집상권

아파트, 빌라, 다세대, 단독주택 등 직장인에 비해 주거인의 비율이 월등
히 높은 상권이며 통행객은 출퇴근 시의 비율이 높고, 낮 시간대는 상대적으
로 낮으며, 임차료가 저렴해 낮은 투자비용과 적정 수익 창출 관점에서 매력
적인 상권이다. 단골고객의 확보와 구전 효과 등을 통한 고객 관리가 특히나
중요하며, 지역 커뮤니티 관리를 필수적으로 실행해야 하는 상권이다. 지속
적으로 매장을 방문할 수 있는 단골고객 확보와 구전 효과 등을 통한 고객
관리가 특히 중요하다. 지역 내에서 영향력이 있는 커뮤니티를 필수적으로
관리해야 하는 상권이기도 하다.

2) 주거복합상권

주거 인구와 직장 인구의 비율이 7:3~5:5 범위 안에 있는 경우를 칭한
다. 대상 권역 내에 복합 상업시설이 인접한 상권으로 점심에는 주거인과
회사원이 고르게 방문하고 있으나 평일 저녁 시간이나 주말에는 주거 인구
가 주된 고객이 되는 상권이다.

주중과 주말의 매출 차이가 크지 않고 다양한 연령층의 고객들이 방문

하며, 24시간 영업에도 유리한 상권으로 저녁 시간 및 주말 외식 고객을 유치하기 위한 마케팅 활동이 필수이다. 다양한 매장 홍보 및 프로모션이 가능한 것이 장점이다.

3) 오피스상권

주거밀집상권과 반대되는 개념이다. 직장 인구의 비율이 주거 인구 대비하여 월등히 높고 평일과 주말의 매출 편차가 크다. 주 5일 근무제 정착 등으로 인해 창업을 진행할 때, 신중함이 요구되는 상권이다.한정된 식사시간에 최대한 많은 고객을 유치할 수 있어야 하며 대부분 조밀한 상권 내에 여러 경쟁업체들 간의 가격 경쟁이 심하여 꾸준한 홍보와 고객 데이터 관리가 필수이다.

4) 교외상권

도보를 이용하는 고객보다 차량을 이용한 내방 고객의 비중이 월등히 높은 단독형 매장의 특성을 갖추고 있다. 가격에 민감하지 않지만 날씨 등의 외부 환경적 영향을 크게 받으며, 배후 시설물 또는 관광 명소 등의 집객시설에 대한 의존도가 높으나 단골고객 형성도 충분히 가능한 상권이다. 해당 점포 자체가 집객시설 방문 후의 필수 코스 혹은 장소로 자리매김할 수 있다.

원거리 잠재 고객 및 배후 시설물 방문 고객을 상대로 바이럴마케팅,

SNS 홍보 등이 필수이며, 지역사회 커뮤니티와의 협업 및 단골 관리가 꼭 이루어져야 한다.

5) 특수상권

매우 한정된 상권을 배후로 가지고 있거나, 상기의 상권 외 일반 입지유형이 아닌 경우로 복합쇼핑몰, 백화점, 역사 내부, 공항 등 대형 복합시설물 내부에 입점한 경우가 해당된다. 다른 상권과 달리 계절별 매출 추세 또한 특수상권마다 각기 다른 유형을 나타내는 특징을 갖고 있다.

외식 혹은 문화, 쇼핑 등 여가생활을 목적으로 해당 시설물을 방문하는 경우가 대다수이기 때문에 메뉴에 대한 가격 저항은 적으나 대형 시설물에 대한 의존도가 매우 높아 단독의 마케팅 활동의 영향력은 매우 낮을 수밖에 없기 때문에 대형 시설물과 연계한 마케팅/홍보 활동이 필요하다.

2. 예상 매출을 근거한 시나리오 경영

1) 시나리오ㅣ : 예상 매출 달성 시

신규 오픈 매장의 가장 중요한 미션은 바로 '매장 앞 줄 세우기'이다. 충분한 홍보와 행사 기획을 통하여 매장을 이용하는 고객들이 차례로 줄을 서서 기다리도록 하는 것이 오픈 매장에서 가장 중요한 목표이다. 앞서 구분한 상권 분류 기준에 따라 매장의 상권을 지정하고 상권 내의 입지와 고객의 성향에 맞는 오픈 홍보와 프로모션을 계획하여 실행한다.

이때의 기준은 동일 상권의 가장 유사한 입지 조건 및 매장 컨디션을 가진 곳을 참고 매장으로 선정하여 성공 요인을 재분석하고 신규 매장에 적합하도록 검증된 성공 실행 방안을 적용시킨다. 해당 매장의 예상 매출을 달성하고 오픈 초기의 목표 매출 달성을 위해 다음과 같은 순서로 실행한다.

① 신규 매장과 동일 상권의 가장 유사한 우수 매장 지정

한마디로 '선생님 매장'을 설정하는 것을 말한다. 많은 프랜차이즈 브랜드들은 참고가 될 수 있는 대표 상권마다의 우수한 선생님 역할을 할 수 있는 매장을 선정해 두어 신규 점포의 출점 시작 전부터 벤치마킹하여 예상 매출을 달성시킬 준비를 갖추고 있다.

신규 매장은 아직 실제로 검증되지 않은 상태다. 사람으로 치자면 갓 초등학교에 입학한 상태라 할 수 있겠다. 집중된 관리와 관심 및 보호가 필요한 상태이기 때문에 동일 상권의 우수한 가맹점을 매칭하여 지정된 매장에서의 목표와 행위들을 벤치마킹 혹은 그대로 따라서 진행할 수 있도록 하는 것이다.

선생님 매장의 요건으로는 3년 이상의 점포 운영을 이어온 매장이며 상권 내에서 우수한 매출 실적을 달성함은 물론 QSCQuality, Service, Cleaness 관리와 전체적인 매장 운영 능력, 그리고 계획을 실행하는 능력이 검증된 매장을 선정하여 지정한다.

② 목표 설정: 매장 앞 고객 '줄 세우기'

첫째, 인지도 상승을 위한 홍보 활동

SNS 활용, 오피스 방문 홍보, 자동차를 활용한 노출 홍보, 전단지 배포 등의 고객에게 알리고 찾아오도록 홍보 활동을 하게 되며, 인지도 상승의 가장 첫째는 공사 기간의 가설현수막을 통한 홍보라고 할 수 있다.

둘째, 재방문을 유도할 수 있는 프로모션 계획

기간 한정의 쿠폰과 매장 자체 제작 스템프 리워드 카드를 제공하고 고객의 재방문을 유도하고 만족도를 상승시키기 위한 활동이다.

셋째, 집객 시설물 혹은 예측 가능한 상권 변화에 대비한 특정 프로모션

특수상권의 경우 인접하거나 속해 있는 집객 시설물의 행사나 고객

의 특성을 부각하여 특별한 혜택을 부여하는 경우로 가장 쉬운 예로

병원 임직원 할인 서비스 등이 있을 수 있다.

③ 매장 안정화와 자립을 위한 3개월 지원 계획

출점 초기 매장의 자립과 안정화를 위하여 운영자는 '구간별 관리

스케줄 수립'을 할 수 있어야 한다. 통상 1개 분기로 표현되는 3개월 단

위의 운영 관리 프로세스가 효율적이다. 주차별 점검표 작성 및 지속

적인 업무 흐름표 관리가 필요하며, 더불어 '롤 플레이'평가서 작성을

통해 참고 매장의 성공 사례에 준하여 매장의 자립도를 측정하고 계속

피드백하면서 숙련도 향상을 위한 훈련을 실시한다.

2) 시나리오 Ⅱ : 예상 매출 달성 실패

고객 '줄 세우기' 또는 예상 매출 미달성 시 실행하는 계획으로 플

랜 B 적용 및 실행. 충분한 준비와 시간과 물량을 투입하였음에도 '줄

세우기'가 실패하거나 예상 매출에 도달하지 못할 경우 최초 프로모션

계획 과정에서 기획된 플랜 B 시행 여부를 결정하게 된다. 먼저 실패의

원인을 분석하기 위하여 실제 고객이 어느 지점 혹은 지역에서 어떻게

매장으로 접근하게 되는지를 '핀서베이'를 통해 예상되었던 동선의 움직임이 이루어지고 있는지 혹은 공략 지점에서의 타깃 고객의 유입이 막히는 이유나 장애는 없는지 파악한다.

핀서베이는 해당 점포를 중심으로 하는 상권의 지도를 출력하여 매장을 찾는 고객에게 직접 설문하며, 지도에 출발지를 표시하여 고객의 동선을 파악하는 조사 방식이다. 내점 고객 분포도를 상권 내 지도에 가시화해, 매장 홍보 및 프로모션 진행의 효율적 방향 설정과 입지 별 예상매출 적중률 제고에 활용하기 위함이다. (별첨 1. 참조)

플랜 B 프로모션 기획의 경우 한촌설렁탕에서 가장 강력한 메뉴인 설렁탕을 활용한 할인 행사를 진행하게 되고 오픈 프로모션에서 놓치거나 예상하지 못한 경우를 분석하고 보완하여 기획하되 이 경우 운영 1팀 전체와 마케팅, 전략기획팀의 도움을 받아 반드시 성공시킬 수 있도록 전사적으로 집중하여 진행한다.

3) 시나리오 Ⅲ : 위기 관리 시스템

예상 매출 달성에 실패하여 플랜 B를 실행하고 단기의 목표를 달성하였다 하더라도 신규 매장의 경우는 앞에서 언급한 바와 같이 3개월 집중 관리를 시행하게 된다. 그럼에도 불구하고 월별 목표 매출 미달성 혹은 상이한 매출의 흐름이 파악되면 매장의 안정화를 위하여 추가적인 자원의 투입을 고려해야 한다.

매출의 흐름을 지속적으로 관리하며 하락의 시그널이 포착되는 '관심' 단계에서 선제적으로 시스템 적용을 검토하고 보고하여 '경계'의 단계로 넘어가기 전에 하락의 원인 파악 및 분석을 통해 문제를 진단하고 처방을 실행하도록 한다. 큰 문제가 되기 전에 조기에 발견하여 해결하는 것이 목표이며 비용적인 측면에서도 선제적인 대응이 가장 효과적이고 생산적인 해결책일 것이다.

기존 운영 중인 매장의 경우에도 상권의 변화나 이동에 따른 매출 하락이 발생 시 위기 관리 시스템에 의한 지원을 실시한다. 기준은 직전 월까지의 전년 대비 당해의 평균 매출 성장률과 당월 전년 대비 성장률의 차이가 -5%를 초과한 하락을 나타낼 시 위기 관리 '관심' 단계로 지정한다. 전년 대비 매출이 -20% 이상 하락 시에는 '경계' 단계로 지정하며, 임차료 상승 등에 인하여 임차료 비율이 매출의 20% 이상 발생의 경우에도 '경계' 단계로 지정하여 관리 및 지원한다.

이상과 같이 출점 초기 매장의 시나리오 경영의 이유는 매출 부진 발생 빈도를 억제하고, 위기를 미리 준비하여 매장의 조기 안정과 지속적인 성장을 도모하기 위함이다. 무엇보다 오픈 초기의 매장 안정화가 중요하며 그 중에서도 예상매출목표 달성이 가장 중요하다 할 수 있다. 상권 분석을 통한 예상된 매출 달성과 참고 매장의 노하우와 경영의

방법들을 그대로 적용하여 실행한다면 지속 성장 가능한 점포가 될 수

있을 것이다.

별첨 1. 핀서베이|PIN-SURVEY 시행 방법 및 예시

매장을 중앙에 배치한 약 300~500m 반경의 지도를 준비해, 방문 고객에게 어디로부터 왔는지를 물어본 후 고객의 거주 또는 상주위치를 지도에 직접 표기하는 방법이다.

① 각 매장별 배후라고 여겨지는 상권 지도를 A3 용지로 출력한다.

- 입지별로 300m, 500m, 1km, 1.5km가 나올 수 있게 준비한다.

> 예) 오피스 상권 : 300m, 500m / 주거복합상권 500m, 1km, 2km, 3km

- 외곽 지역 매장 중 매장 기준 원거리에 중심 타깃이 있을 경우 해당 상권까지 표기 가능하게 출력한다.

- 지도의 크기가 작으면 고객의 위치가 부정확하게 표기될 우려 있으므로 A3 사이즈 혹은 확대가 가능한 태블릿 PC 등을 사용하도록 한다.

② 매장을 중심에 놓고, 300m, 500m, 1km와 같이 거리별로 점선의 원을 지도에 표시해 둔다.

③ 지도 내 중요 시설물을 표기한다. 학교, 관공서, 극장, 대형 시설물 등을 표시하여 고객이 쉽게 지도를 인지해 자신의 거주지 혹은 직장을 쉽게 찾을 수 있도록 한다.

④ 조사 전 시간대별 객수를 고려해 목표 응답 수량을 설정한다.

예) 11: 00 ~ 14:00 객수가 일 기준 30%일 경우 100장중 30장 정도를 배정

⑤ 조사 시간은 '분'이 아닌 '시간' 단위로 정확히 끊어서 조사한다.

예) 11:30 ~ 12:00가 아닌 11:00 ~ 12:00에 조사

⑥ 5명이 함께 온 고객들 중 한 명으로부터 응답을 얻었다면 팀이 아닌 5명으로 표기한다.

⑦ 평일 및 주말 조사 시 동일한 시간대 구간으로 조사하고, 1장표에 1개의 시간대만 사용 할 것. (예: 주말 오전, 오후 1장에 합치지 말 것)

별첨 2. 종합 결과 예시

1) 핀서베이 결과

조사는 5월 16일(화) 18시부터 24일(수) 18시까지 실시했으며, 이 기간 중 20일(토)을 제외하고는 정확히 7일간 전 시간대 조사가 실시되었으며, 조사 기간 중 '전체 내점객 631명 대비 503명으로부터 응답' 결과를 얻어 전체 표본은 80%로 전수조사에 가까운 데이터이다.

항목	평일				일요일	전체
	점심(10~14시)	오후(14~18시)	저녁(18~22시)	평일 계	전 시간대	계
표본 수(명)	219	81	130	430	73	503
조사 시점 실객수(명)	303	69	169	541	90	631
표본율(%)	72%	117%	77%	79%	81%	80%
해당 시간대 표본 비중	51%	19%	30%	100%	41%	
해당 시간대 객수 비중	56%	13%	31%	100%	41%	

* 조사 일 및 시간
- 평일 전 시간대 조사일 : 17일(수), 18일(목), 19일(금), 22일(월), 23일(화)
- 평일 부분 시간 조사일 : 16일(화) 18~22시, 24일(수) 10~18시
- 휴일 조사일 : 21일(일)

** 평일 오후 내점객 수 대비 표본 수가 오히려 높은 이유(117%)는 핀서베이 조사 시점은 고객 방문 시점에 시행하고, 전산상 내점객 체크는 계산 시 적용되는 시점상의 차이 발생으로 추정됨.
예) 13시 50분에 내점한 고객을 표본 조사했는데, 식사 후 계산은 14시 10분에 하는 경우.

나는 회사 그만두고 내 가게로 출근한다

초판 1쇄 발행 · 2019년 8월 30일

지은이 · 김형민·천영식
펴낸이 · 김동하
책임편집 · 김원희

펴낸곳 · 책들의정원
출판신고 · 2015년 1월 14일 제2016-000120호
주소 · (03955) 서울시 마포구 방울내로9안길 32, 2층(망원동)
문의 · (070) 7853-8600
팩스 · (02) 6020-8601
이메일 · books-garden1@naver.com
포스트 · m.post.naver.com/books-garden1

ISBN 979-11-6416-031-0 (03320)